étapes

LE CYCLISME EN HAUTE-SAVOIE

1980 à Sallanches. Le maillot tricolore de Bernard Hinault va bientôt virer à l'arc-en-ciel.

Martial SADDIER, Président du conseil départemental de la Haute-Savoie, Nicolas RUBIN, 1er Vice-président, Lionel TARDY, 7e Vice-président, Camille BENED, biathlète originaire de Châtel et David LAPPARTIENT, Président de l'UCI.

Objectif 2027

« Ce ne sera pas un second couteau qui va gagner ! »

Quand Bernard Hinault, la légende du cyclisme tricolore, aux côtés de Martial Saddier, Président du département de la Haute-Savoie, annonce la couleur avec une telle conviction – lui qui, il y a plus de 40 ans, s'est paré du maillot arc-en-ciel à Sallanches, sur un parcours qui sera quasiment identique – cela résonne d'autant plus que la donne globale a changé : les championnats du monde de cyclisme regrouperont à cette date l'intégralité des disciplines du vélo, du VTT au Gravel, de la piste à la route, du BMX à… et pourquoi pas rêver ?

Par Laurent Belluard & Martin Léger

Objectif 2027

« Ce ne sera pas un second couteau qui va gagner ! »

Martial Saddier et Bernard Hinault lors de l'annonce de candidature de Sallanches pour les championnats du monde 2027.

Telle une évidence, Bernard Hinault a été choisi ambassadeur de la candidature, aujourd'hui validée par l'UCI, de la Haute-Savoie comme hôte de cette épreuve désormais hors-normes. « *C'est un événement qui va rassembler entre 11 et 12 000 compétiteurs au total, soit un nombre légèrement supérieur à celui des Jeux olympiques d'hiver* », souligne Martial Saddier qui poursuit : « *Pour mémoire, les JO d'hiver rassemblent un peu moins de 10 000 athlètes. Mais au-delà de l'anecdote, on comprend la portée de l'engagement et l'obligation de réussite de l'évènement, dont la genèse demeure une histoire de rencontres. J'ai été élu Président du département le 1er juillet 2021, et le 11 juillet de la même année, je suis allé rencontrer à Châtel mon premier vice-président, Nicolas Rubin, également maire de Châtel, pour remettre les prix d'une cyclosportive. Comme David Lappartient, président de l'UCI, était également présent, je lui ai demandé : "Président, quand est-ce qu'on ramène les championnats du monde à Sallanches ?" ». Il m'a dit : "Il y a peut-être une fenêtre de tir à partir de 2030, 2031 ou 2032". Ce à quoi je lui ai répondu : "Je suis en revanche Président jusqu'en 2028. La Haute-Savoie veut retrouver le championnat du monde sur la côte de Domancy !". C'est là que David Lappartient a lancé une phrase dont je me souviendrai toujours : "Il y a peut-être une autre fenêtre de tir, 2027, mais attention, c'est un gros truc parce qu'il y aura toutes les épreuves !". Ma réponse fut immédiate : "Banco, on est candidats !". L'aventure était lancée... J'ai contacté Bernard Hinault, que je connaissais un peu pour l'avoir rencontré plusieurs fois lors de la venue du Tour de France en Haute-Savoie, grâce à Jean-François Pécheux, et je me suis permis de l'appeler pour tenter de lui expliquer la folie dans laquelle on se lançait et lui dire combien on avait besoin d'un ambassadeur. Ce n'est pas un politique qui peut remporter la victoire ! Moi, si je me balade dans la rue en Australie, personne ne me reconnaît, c'est logique. Par contre, si c'est Bernard Hinault, des gens vont l'interpeller...* »

FACE À L'HISTOIRE

Pour les routiers, ce projet devient un miroir avec les championnats de 1980. Si loin, si proche... Mais comment ? « *La différence entre 2027 et 1980, c'est de savoir si les coureurs de 2027 seront aussi bons que ceux qui participaient aux premiers championnats du monde à Sallanches !* », s'enflamme Bernard Hinault. « *Ce sera très marrant de voir ça, mais je pense qu'avec un coureur comme Pogačar, ça fera un très beau spectacle !* » Martial Saddier souligne que « *la validation et la présentation officielle du tracé – au millimètre près –, c'est l'UCI qui les fera sur un parcours quasiment copié-collé sur celui de 1980. Mais pour l'annonce officielle, compte tenu des 21 épreuves au programme, l'UCI va laisser passer Glasgow 2023...* ». Le temps, pourquoi pas, d'inventer de nouvelles épreuves ?

« *Je suis allé voir la coupe du monde de biathlon au Grand-Bornand et c'était vraiment fantastique ! C'est un effort très violent qui demande une grosse concentration. Pourquoi pas faire la même chose à vélo ? En été, ça permettrait aux stations de travailler et peut-être qu'en 2027, pour les championnats du monde, il y aura une nouvelle discipline ? On a déjà tout : le terrain est là, le stand de tir aussi, il n'y a pas de gros investissements à faire et ce n'est pas farfelu du tout. Est-ce qu'il faut le faire sur la route ou en VTT ? Pourquoi pas les deux d'ailleurs... Ça me plairait énormément de voir d'autres disciplines de notre sport* », souligne Bernard Hinault. « *Actuellement, il y a officiellement 19 épreuves, mais pourquoi pas une vingtième ?* », insiste Martial Saddier.

GRINCEMENTS DE DENTS ?

Plus de dossiers de ce type sans contradicteurs. « *De toute façon, en Haute-Savoie comme ailleurs, qu'il s'agisse d'un équipement ou d'un grand événement, on a changé d'époque et il y a des opposants. Donc oui, on a notre lot d'opposants, dont certains probablement de bonne foi, et d'autres davantage idéologiques. Une opposition que je considère comme hélas stérile puisqu'on retrouve les mêmes arguments pour la construction d'une caserne de pompiers ou d'un collège* », précise Martial Saddier. « *Pourtant, l'idée est de fédérer les milieux économiques, les établissements scolaires et le tissu associatif car si le Tour de France passe quasiment une semaine en Haute-Savoie cette année, avec les retombées que l'on sait, et par la côte de Domancy, c'est à coup sûr lié aux championnats du monde 2027. De même, si l'UCI vient de nous attribuer la nouvelle épreuve de coupe du monde de VTT, jusqu'en 2026, c'est à coup sûr lié aux championnats du*

Après avoir essoré ses concurrents un à un, Bernard Hinault s'empare du titre de champion du monde.

monde 2027. Il y a donc toute une dynamique qui est en train de s'enclencher en Haute-Savoie autour du vélo ! Ça tombe bien parce que c'était ma priorité absolue. Ça faisait partie des piliers de la politique du nouvel exécutif du département. »

À l'heure de l'injonction climatique et de la marche forcée pour la mobilité douce, ne pas voir dans ce projet (toujours perfectible !) la promotion du vélo sous toutes ses formes et des avantages induits par sa pratique, tant économiques, climatiques ou en termes de santé publique, apparaît un tant soit peu anachronique. Les grands évènements sont des moteurs qui fédèrent, il n'y a qu'à voir l'engouement populaire l'an dernier sur la route de Châtel, haut lieu du VTT avec des évènements et un *bikepark* sans équivalents, lors du passage du Tour de France en Haute-Savoie, épreuve qui prendra carrément racine cette année autour de Saint-Gervais Mont-Blanc ! En termes de rayonnement international, c'est une petite semaine de cyclisme dans ces paysages d'exception que les télévisions du monde entier vont diffuser, avec pas moins de quatre étapes en Haute-Savoie plus une journée de repos. Et si Annemasse, Morzine – Les Portes du Soleil, Les Gets, Saint-Gervais Mont-Blanc, Passy et Combloux sont les villes hôtes, c'est le territoire entier qui gagne en notoriété et en attractivité. Mais retour au sport et à la vérité de la côte de Domancy : « *Quand on a monté la côte, on pense à une seule chose : récupérer et récupérer, c'est la descente* », se souvient Bernard Hinault. « *Sur la partie de plat, tout le monde se met à rouler pour essayer de (re)prendre une bonne place et être bien placé pour attaquer la côte de nouveau. C'est donc un parcours où il n'y a pas trop de temps de récupération, c'est très exigeant... Franchement, je ne crois pas trop à une course d'attente parce qu'il faudra faire un peu le ménage chez les prétendants à la victoire. Et après, il faudra s'expliquer d'homme à homme. La côte de Domancy est assez particulière : on commence avec un braquet puis on le diminue, diminue encore, pour finir au sommet avec presque le plus petit développement possible... Mais surtout, il faudra la monter 20 fois !* »

Martial Saddier ajoute : « *Il suffit d'avoir fait une fois la côte de Domancy à vélo pour savoir que c'est quand même raide !* ».

UN FRANÇAIS ?

Et si un Français était sacré en 2027, la boucle serait-elle bouclée pour Bernard Hinault ? « *Un Français qui succéderait à un Français, ce serait génial !* », sourit Bernard Hinault. « *Mais quand on voit la concurrence, la jeunesse de certains coureurs étrangers, on se pose quand même la question de savoir si un Français peut gagner. Mais bon, rien n'est écrit, tout peut se faire...* »

Les mauvaises blessures imprévisibles, comme celle de Pogačar à Liège-Bastogne-Liège, viennent hélas rebattre les cartes jusqu'à la dernière minute... Mais si on devait tirer les cartes du destin aujourd'hui ? Qui sortirait vainqueur de cette

« *Un Français qui succéderait à un Français, ce serait génial !* »
Bernard Hinault

course pas encore courue ? Pour Bernard Hinault : « *David Gaudu serait celui qui aurait le plus de chances de l'emporter. Sauf qu'il y a aussi une nouvelle génération qui arrive, et peut-être que ce sera pour l'un d'eux, des jeunes ayant aujourd'hui entre 18 et 20 ans... La clé pour l'emporter sera à mon avis de ne pas avoir peur d'attaquer et de prendre des risques, sachant qu'on peut aussi tout perdre... Mais ces spéculations n'ont pas vraiment de sens, sportivement, aujourd'hui. En revanche, je pense que trois jours avant l'épreuve, on saura précisément ceux qui sont capables de gagner ce championnat du monde, pour peu qu'ils ne fassent aucune erreur* ».

Eh oui, pour les championnats du monde sur route, deux *scenarii* s'opposent : celui de l'homme fort qui écrase la course, à l'image de Bernard Hinault à Sallanches et de Remco Evenepoel l'an dernier, ou celui des coureurs, certes très solides, capables de se jouer des circonstances. Mais la côte de Domancy permettra-t-elle vraiment de rester caché ? Pour Bernard Hinault, pas de doute : « *C'est un homme fort qui l'emportera* ». Un champion du monde et une championne du monde, dans une épreuve qui, à coup sûr, restera dans l'histoire, en Haute-Savoie et bien au-delà. C'est aussi ça, la magie du sport...

Épique

Le Tour de France en Haute-Savoie

Rendez-vous régulier des hauts faits du Tour de France, la Haute-Savoie offre un territoire qui se prête idéalement aux grandes envolées et autres épiques passes d'armes pour les leaders de la plus grande course cycliste au monde, tout comme aux pires désillusions, au détour d'un jour sans ou de trop. Petit florilège à l'usage des mémoires…

Par Alexandre Pasteur

Tadej Pogačar, sous la pluie, s'envole du groupe des leaders pour aller conquérir le maillot jaune même si, au Grand-Bornand, l'étape revient au Belge Dylan Teuns.

Krys
UAE

Morzine-Avoriaz 1985

HINAULT PASSE LA CINQUIÈME

Au départ du Tour 1985, Bernard Hinault est revanchard. Un an plus tôt, il a été nettement dominé physiquement, voire humilié, par Laurent Fignon. À 31 ans, Hinault sait que le temps presse s'il veut gagner un cinquième Tour de France et rejoindre dans la légende Jacques Anquetil et Eddy Merckx. Débarrassé de Fignon, blessé au genou et absent au départ de Plumelec, le Breton s'empare du maillot jaune à l'issue du long contre-la-montre de Strasbourg, lors de la huitième étape. La onzième étape entre Pontarlier et Morzine-Avoriaz marque l'entrée dans le massif des Alpes. Trois cols sont au programme : le pas de Morgins, le col du Corbier et la montée finale vers Avoriaz. Dans la première difficulté, col franco-suisse situé au cœur du domaine des Portes du Soleil, Hinault accélère brutalement en tête de peloton. Sur le grand plateau, il emmène un groupe de vingt-cinq coureurs avec lui. À six kilomètres du sommet, Hinault place une deuxième accélération. Cette fois, seul le Colombien Luis Herrera parvient à le suivre. Les deux hommes abordent la deuxième ascension, le col du Corbier, avec deux minutes d'avance sur les poursuivants. Dans la longue vallée qui mène au sprint intermédiaire de Morzine, Bernard Hinault assure l'essentiel des relais avec une efficacité redoutable. À Morzine, au pied de la dernière difficulté vers Avoriaz, l'avance des deux fuyards monte à deux minutes et trente-cinq secondes. Hinault est survolté, il a trouvé un allié de circonstance avec Luis Herrera : le grimpeur colombien ne vise que le maillot de la montagne et ne représente aucun danger au classement général. Après cinquante kilomètres d'échappée, les deux hommes souffrent dans la montée finale, mais ne cèdent que trente secondes à leurs principaux rivaux. À Avoriaz, Hinault, grand seigneur, ne conteste pas la victoire d'étape à Herrera. Delgado termine troisième de l'étape à une minute vingt-trois, Greg LeMond à une minute quarante et Stephen Roche à deux minutes cinq. Bernard Hinault a réussi son coup. Il a assommé le Tour de France comme à ses plus belles heures. Au classement général, il devance son coéquipier et principal rival Greg LeMond de quatre minutes. La voie d'un cinquième sacre à Paris est largement dégagée.

Entre Pontarlier et Morzine-Avoriaz, seul Luis Herrera parvient à suivre Bernard Hinault dans son coup de force sur le Tour 1985 afin d'asseoir définitivement son maillot jaune, le Colombien signent là une belle victoire d'étape.

Saint-Gervais - Le Bettex 1990

LA REVANCHE DE THIERRY CLAVEYROLAT

Drôle de bonhomme que ce Thierry Claveyrolat. Avec son corps sec et nerveux, sa tignasse brune étrangement bouclée et ses lunettes de soleil d'aviateur, le Grenoblois a souvent été apparenté à un ovni dans le peloton. Passé professionnel en 1983 au sein de la très modeste formation Saint-Étienne UC Pélussin, il connaît un début de carrière besogneux. Cependant, avec son mètre soixante-et-onze et ses cinquante-sept kilos, il laisse déjà entrevoir de réelles qualités de grimpeur. Passé par les formations Système U en 1984 et La Redoute en 1985, Claveyrolat a trouvé son équilibre au sein de l'équipe RMO, une entreprise familiale basée chez lui, à Grenoble. Et les résultats suivent. Dix-septième du Tour de France en 1986, il remporte cinq étapes du Dauphiné Libéré entre 1986 et 1990. Il se classe surtout cinquième au championnat du monde de 1989 à Chambéry, après une journée d'anthologie. Mais la plus belle course de sa carrière est aussi sa plus grande frustration. Ce jour-là, échappé durant plus de 200 kilomètres sous la pluie, Claveyrolat assiste incrédule dans le dernier tour au retour de son coéquipier Laurent Fignon, qui entraîne avec lui Greg LeMond, le futur vainqueur, Steven Rooks et Sean Kelly. Thierry Claveyrolat rumine encore ce sentiment de trahison et sa frustration au départ du Tour 1990, où il vise le maillot à pois de meilleur grimpeur, le seul qui le fasse rêver. Après dix jours de plaines interminables, la montagne arrive enfin à l'occasion de la onzième étape : 118 kilomètres entre Genève et Saint-Gervais Le Bettex. Dès la première difficulté de la journée, le col de la Colombière, Claveyrolat s'envole en compagnie de l'Italien Roberto Conti, du Belge Patrick Robeet, du Colombien Omar Hernández et du Norvégien Atle Kvålsvoll. Trois kilomètres plus loin, celui qu'on surnomme « l'aigle de Vizille » est déjà seul. Il franchit le col des Aravis en tête et se présente au pied de la montée du Bettex avec deux minutes d'avance sur Conti et trois minutes quarante sur le peloton maillot jaune. Dans la dernière ascension, le Dauphinois, galvanisé par le public, résiste et s'impose avec deux minutes d'avance sur Uwe Ampler et son leader chez RMO, Charly Mottet. À 31 ans, Claveyrolat décroche le plus beau succès de sa carrière assorti du maillot à pois qu'il conserve jusqu'à Paris. C'est une journée mémorable pour le cyclisme français, puisque Ronan Pensec, le Breton de l'équipe Z, profite de la défaillance du Canadien Steve Bauer à trois kilomètres de l'arrivée pour s'emparer du maillot jaune.

Dans la dernière ascension, le Dauphinois, galvanisé par le public, résiste et s'impose avec deux minutes d'avance sur Uwe Ampler et son leader chez RMO, Charly Mottet.

Entre Genève et Saint-Gervais Mont-Blanc, « l'aigle de Vizille » s'envole pour signer une superbe victoire au Bettex sur le Tour 1990.

FIAT
ASSISTANCE
DIRECTION
ASPRO

Davitamon
QUICK·STEP
Davitamon
latexco
Davitamon

Morzine 2003

RICHARD VIRENQUE EN PLEINE LUMIÈRE

Au matin de la septième étape du Tour de France 2003, Richard Virenque respire enfin. Même si le départ est donné de Lyon, les premiers sommets sont en vue sur la route de Morzine. Le début du Tour est lancinant, les sprints massifs ont rythmé une première semaine terne, marquée par les quatre victoires de l'Italien Alessandro Petacchi. Richard Virenque, lui, attend sagement son heure. Depuis le fracas de l'affaire Festina et son retour de suspension en octobre 2001, le Varois a changé. Le classement général du Tour de France n'est plus une obsession. D'ailleurs, l'équipe belge dans laquelle il évolue, Quick Step-Davitamon, est une formation taillée pour les classiques, pas pour jouer la victoire sur le Tour. En 2003, Virenque vise surtout le maillot à pois qui a construit sa légende et qu'il n'a plus ramené sur les Champs-Élysées depuis quatre ans, une éternité. L'étape Lyon-Morzine est longue, 230 kilomètres, mais elle passe dans le final par le redoutable col de la Ramaz, ascension inédite sur le Tour, perché à 1 600 mètres d'altitude entre les plateaux de Sommand et du Praz-de-Lys. Dès le baisser de drapeau à Lyon, les Français Benoît Poilvet et Médéric Clain s'échappent, bientôt accompagnés par l'Italien Paolo Bettini et l'Allemand Rolf Aldag. Au kilomètre 41, l'Espagnol Jesús Manzano part en contre avec Richard Virenque. Dans l'ascension du col de Portes dans le massif du Bugey, Manzano s'écroule, victime d'un malaise terrifiant. Virenque se lance donc seul à la poursuite des hommes de tête, qu'il finit par rejoindre au kilomètre 122 après avoir bouché un écart de cinq minutes. Dans l'ascension du col de la Ramaz, Virenque est déchaîné. À cinq kilomètres du sommet, il se débarrasse de Rolf Aldag, son dernier compagnon de fugue. Le peloton du maillot jaune est à plus de trois minutes. Il reste vingt-deux kilomètres de descente avant de rejoindre Morzine. Virenque ne faiblit pas et s'impose en solitaire, trois ans après un premier succès dans le village des Portes du Soleil. Le peloton termine à plus de quatre minutes, les favoris du classement général ont décidé de se neutraliser avant la grande bataille prévue le lendemain à l'Alpe d'Huez. Virenque signe sa sixième victoire d'étape sur le Tour, peut-être la plus importante puisqu'elle lui permet de porter une nouvelle fois le maillot jaune, douze ans après le premier.

En 2003, Virenque vise surtout le maillot à pois qui a construit sa légende et qu'il n'a plus ramené sur les Champs-Élysées depuis quatre ans, une éternité.

2003. Richard Virenque rejoue, quatre ans après, la scène de la victoire sur la ligne d'arrivée à Morzine et s'empare du maillot à pois de meilleur grimpeur. L'affaire Festina est désormais oubliée.

Le Grand-Bornand 2021

LE COUP DE FORCE DE POGAČAR

La huitième étape du Tour de France 2021 conduit les coureurs d'Oyonnax au Grand-Bornand, le village des Aravis qui accueille une arrivée du Tour pour la sixième fois. Depuis six jours, le maillot jaune est porté par Mathieu van der Poel. Le petit-fils de Raymond Poulidor, qui découvre le Tour à 26 ans, s'est imposé dès la deuxième étape à Mûr-de-Bretagne. Depuis, il martyrise le peloton au gré de ses envies ou de ses humeurs, attaquant à tout va tant qu'il lui reste un souffle d'énergie. Mais le Néerlandais sait que son aventure en jaune va s'achever sur les routes humides de l'Ain et de la Haute-Savoie. D'ailleurs, l'effronté avait prévenu que sa découverte du Tour n'irait pas au-delà de la première semaine de course. Quatre ascensions figurent au programme de cette première étape alpestre. C'est dans l'avant-dernière que Tadej Pogačar décide de sortir le grand jeu. Le Slovène, qui attend son heure depuis sa victoire au contre-la-montre de Laval au cinquième jour de course, a clairement dessiné le contour de ses ambitions. Emmené par son coéquipier Davide Formolo, Pogačar accélère brusquement à cinq kilomètres du sommet du redoutable col de Romme, à la sortie de Nancy-sur-Cluses. Il reste alors 32 kilomètres à parcourir. Personne n'avait osé imaginer une attaque aussi précoce du grand favori du Tour. Seul l'Équatorien Richard Carapaz parvient à accrocher la roue du prodige slovène, mais il explose 500 mètres plus loin. Dans le chaos, sous le déluge et dans les phares des voitures, Pogačar poursuit son entreprise de démolition dans l'ascension du col de la Colombière. Il reprend un à un les membres de l'échappée matinale, réduits au rôle de simples figurants, à l'exception du Belge Dylan Teuns qui bascule au sommet de la Colombière avec quinze secondes d'avance sur le Slovène. Les autres favoris du Tour sont déjà pointés à plus de deux minutes trente du Slovène. Dans la longue descente vers le Grand-Bornand, Pogačar ne prend aucun risque sur la route détrempée et laisse la victoire à Teuns, mais il s'empare du maillot jaune. Le vainqueur sortant du Tour peut constater les dégâts : il relègue tous ses rivaux à plus de trois minutes au classement général. Geraint Thomas et Primož Roglič, handicapés par des chutes en première semaine, concèdent plus de 35 minutes. Avec cette offensive de grand style, Pogačar a laminé la concurrence et file vers sa deuxième victoire dans le Tour.

C'est dans l'avant-dernière que Tadej Pogačar décide de sortir le grand jeu. Le Slovène, qui attend son heure depuis sa victoire au contre-la-montre de Laval au cinquième jour de course, a clairement dessiné le contour de ses ambitions.

Tadej Pogačar, qui a accéléré dans le difficile col de Romme, revient comme une fusée sur les échappées dans le col de la Colombière, échouant à quinze secondes de Dylan Teuns au sommet, avant d'amorcer une descente prudente vers le Grand-Bornand et de se parer de jaune.

Krys
UAE
COLNAGO
CAMPAGNOLO

AG2R LA MONDIALE

Saint-Gervais - Le Bettex 2016

QUAND BARDET FAIT VACILLER FROOME

Depuis sa première participation, Romain Bardet est obsédé par le Tour de France. Quinzième en 2013, sixième en 2014 et neuvième en 2015, l'Auvergnat caresse l'espoir de monter enfin sur le podium à Paris, en 2016. À trois jours de l'arrivée, il pointe au cinquième rang au classement général, à cinq minutes du leader Christopher Froome, leader depuis son coup de force à Luchon dans les Pyrénées, mais à quarante secondes seulement du podium. La dix-neuvième étape entre Albertville et Saint-Gervais est cruciale : c'est la dernière arrivée en altitude. La veille, Romain Bardet a souffert dans l'exigeant contre-la-montre entre Sallanches et Megève, dominé par Froome ; mais au départ d'Albertville, il croit encore en son étoile. L'étape traverse la Savoie et la Haute-Savoie avec quatre ascensions au programme : la Forclaz de Montmin, la Forclaz de Queige, la montée de Bisanne et, enfin, la montée du Bettex. Elle est aussi marquée par l'arrivée de la pluie dans la dernière heure de course et par de nombreuses chutes. De l'échappée matinale ne subsiste qu'un coureur au seuil des quinze derniers kilomètres : le Portugais Rui Costa, ancien champion du monde et déjà vainqueur d'étape sur le Tour en Haute-Savoie au Grand-Bornand en 2013. Dans les quinze derniers kilomètres, Romain Bardet, bien calé dans le groupe des favoris, passe à l'offensive. Sous la pluie, le coureur d'AG2R profite de la descente de la côte de Domancy à la sortie de Megève. Guidé par son coéquipier Mickaël Cherel, le Français distance le groupe des favoris et se lance à l'assaut de la montée du Bettex, sur les hauteurs de Saint-Gervais, soit dix kilomètres avec une pente moyenne de 8 %. Dans la descente, Christopher Froome, le maillot jaune, voit sa roue avant se dérober et chute lourdement sur le côté droit. Cuissard arraché, Froome repart avec le vélo de son coéquipier Geraint Thomas. À l'avant, Romain Bardet poursuit son festival. Dans la montée du Bettex, il revient sur le Portugais Rui Costa, rescapé de l'échappée matinale, et le distance à trois kilomètres du but. Malgré des attaques incessantes dans le groupe des favoris, Romain Bardet parvient à conserver sur la ligne d'arrivée vingt-trois secondes d'avance sur les Espagnols Rodriguez et Valverde. Grâce à cette victoire d'étape, sa deuxième sur le Tour, il grimpe à la deuxième place au classement général, profitant de la chute de Bauke Mollema et de la défaillance d'Adam Yates. Trois jours plus tard, il monte sur son premier podium sur les Champs-Élysées.

Dans les quinze derniers kilomètres, Romain Bardet, bien calé dans le groupe des favoris, passe à l'offensive. Sous la pluie, le coureur d'AG2R profite de la descente de la côte de Domancy à la sortie de Megève.

Les étapes de montagne se gagnent aussi en descente ! Romain Bardet l'a prouvé en 2016 lors de sa victoire à Saint-Gervais Mont-Blanc, poussant Christopher Froome et Vincenzo Nibali à la faute.

Arc-en-ciel

Domancy, la légende est de retour

En 1980, l'exploit de Bernard Hinault offre la célébrité à la côte de Domancy. En 2027, les coureurs la graviront vingt fois, comme à l'époque dorée du Blaireau.

Par Jean-Luc Gatellier

Peloton encore dense dans la côte de Domancy où les Italiens jouent des coudes avec les Français, bien décidés à ne pas s'en laisser conter malgré la volonté affichée de Bernard Hinault de l'emporter.

« *C'est ici que j'ai largué les autres !* » Cette petite phrase d'un grand exploit réalisé par Bernard Hinault le 31 août 1980 déclenche l'hilarité parmi ses hôtes ce 5 février 2022, jour de l'officialisation de la candidature de la Haute-Savoie aux « supers » championnats du monde en 2027.

Hinault ne court pas après les invitations. Pour convaincre le Blaireau de sortir de son terrier breton, il faut argumenter, l'appâter. En septembre, il n'hésite pas un seul instant à se rendre en Australie, à Wollongong, lieu des championnats du monde. Il a parfaitement saisi l'esprit de ce lointain voyage et la force symbolique de son rôle d'ambassadeur.

Quarante-sept ans plus tard, l'arc-en-ciel sera de retour à Sallanches et, comme une évidence, dans la petite commune voisine de Domancy. À la sortie sud de Sallanches, près du pied de la côte de Domancy, un rond-point est veillé, depuis 2016, par une stèle de cinq mètres de haut et de onze mètres de large, à l'effigie de Bernard Hinault.

La côte épouse le flanc de la colline qui s'élève au-dessus de l'Arve. Elle développe 2 700 mètres jusqu'au sommet à 796 mètres d'altitude, pour une dénivellation de 230 mètres. La moyenne de la pente est de 8,52 %, avec un pic à 16,7 % au milieu de la difficulté. L'écueil est brutal, les pédaleurs de la région peuvent en témoigner, mais ils vous diront aussi que des bosses comme celles-là, il y en a beaucoup d'autres dans le département. Celle de Domancy leur a « volé » définitivement la vedette. C'est sa répétition à vingt reprises (!), le jour du grand Hinault, qui en a fait un obstacle affreux. « *C'est comme si l'on demandait aux coureurs de monter quatre fois de suite le Tourmalet* », comparait, à l'époque, Jacques Anquetil.

« *Pour 2027, l'idée est de refaire exactement le même circuit et le même nombre de tours. C'est une volonté commune de David Lappartient (Président de l'Union cycliste internationale) et de Martial Saddier (Président du Conseil départemental de la Haute-Savoie)*, raconte Laurent Bezault, manager route à l'UCI. *On ne pourra pas, comme en 1980, installer la ligne d'arrivée et les infrastructures qui vont avec dans le centre-ville de Sallanches car, à cet endroit, il y a un îlot directionnel important. Cela pourrait être à une distance entre 300 et 500 mètres de là.* »

Pour l'ancien coureur, pas de doute : « *Depuis Sallanches 1980, rien n'aura été aussi dur que Sallanches 2027 !* »

LA DESCENTE NE DOIT RIEN À LA CÔTE

Les champions ont le pouvoir extraordinaire de populariser et de rendre célèbres les théâtres de leurs prouesses. Chaque été, des milliers de cyclistes gravissent l'Alpe d'Huez et le mont Ventoux. Le vélodrome de Roubaix et la trouée d'Arenberg sont des arrêts obligatoires pour les cars belges et néerlandais en excursion touristique. La côte de Domancy, elle, ne bénéficie pas de la fréquence annuelle de Paris-Roubaix, ou bisannuelle, voire trisannuelle, de l'Alpe et du Géant de Provence. Dans quatre ans, les mondiaux raviveront la légende.

Le site a figuré sur l'itinéraire du Tour de France en 2016, à deux reprises en deux jours : lors du contre-la-montre entre Sallanches et l'altiport de Megève et, le lendemain, pendant l'étape Bettex – Saint-Gervais, où la périlleuse descente a joué un rôle prépondérant dans la deuxième place au classement final de Romain Bardet, derrière Christopher Froome. « *Suis-moi !* », lui crie son audacieux équipier Mikaël Cherel, et Bardet bascule presque les yeux fermés sur la chaussée humide réservée aux virtuoses. En 2021, Julian Alaphilippe attaque dans la côte de Domancy, fait aussi anecdotique que sa position géographique peu après le départ de Cluses. Le 18 juillet prochain, le raidard hérissera le parcours chronométré de la 16e étape, entre Passy et Combloux. « *Du sommet de la côte de Domancy à Combloux, ça monte encore pendant près de quatre kilomètres à 5 ou 6 %*, note Thierry Gouvenou, le directeur technique du Tour de France. *Mais, au regard de l'histoire, on a mis la ligne du grimpeur (comptant pour le classement de la montagne) en haut de Domancy.* »

Son inscription au programme du Critérium du Dauphiné, en 2010 (à cinq reprises) et 2020 (deux passages dont le second est fatal à Thibaut Pinot), ne doit rien au hasard. Il relève du choix intime de Bernard Thévenet, le directeur de l'épreuve, qui tenait absolument à célébrer le trentième et le quarantième anniversaire de la victoire d'un autre « Nanard ». La veille du fameux mondial de 1980, Thévenet, vainqueur du Tour de France en 1975 et 1977, faisait chambre commune avec Hinault, le lauréat de 1978 et 1979. Il était un champion déclinant qui clame aujourd'hui encore son admiration pour son

Les champions ont le pouvoir extraordinaire de populariser et de rendre célèbres les théâtres de leurs prouesses.

Jean-René Bernaudeau, aujourd'hui patron de l'équipe TotalEnergies, fait partie de l'équipe de France alignée à Sallanches pour épauler Bernard Hinault.

Bernard Hinault enfin seul dans la côte de Domancy, le travail de sape a fait ses dernières victimes…

Campagnolo
Campagnolo

FRANCE
inter
FRANCE
inter
FRANCE
inter
FRANCE
inter

Bernard Hinault connaît bien cette surexcitation, il l'a éprouvée chaque fois qu'un défi majuscule se dressait devant lui. Dans un grand jour, il est irrésistible, et c'est un très grand jour qui s'annonce.

Souvenir d'un jour de fête à Sallanches avec un podium historique : Bernard Hinault devance l'Italien Gianbattista Baronchelli et l'Espagnol Juan Fernández Martín.

13905

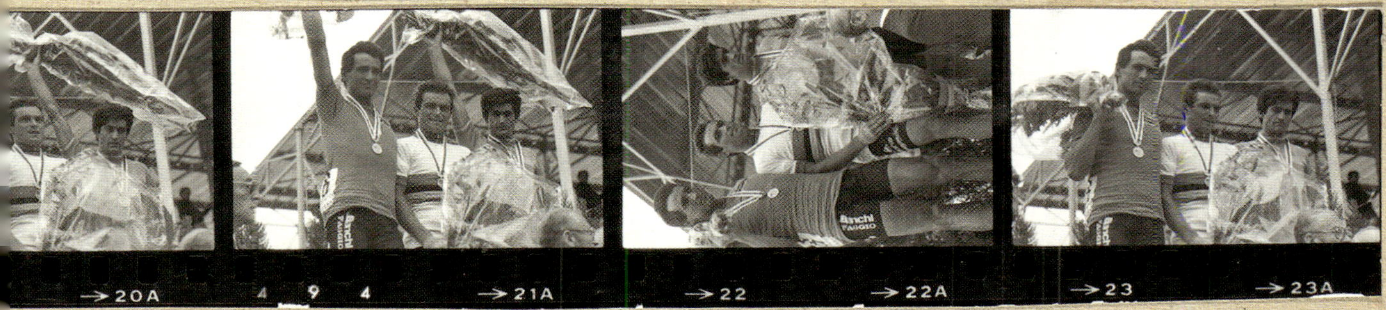

[redacted] 313912

Pour le triomphe annoncé, Hinault ne se fera pas prier. Rien, cependant, ne lui est épargné durant les semaines précédant sa conquête majuscule.

auguste successeur. « *De toute ma carrière, je n'avais jamais vu un coureur en aussi grande condition physique, aussi fort que Bernard Hinault ce jour-là. C'était incroyable, il a été phénoménal ! Même un grand Merckx ne l'aurait pas battu.* » Avis autorisé et osé à la fois. En 1964, Eddy Merckx, à peine sorti de l'adolescence, cheveux en brosse, conquiert la version amateur des championnats du monde à Sallanches. La côte de Passy est alors à l'affiche, pas encore celle de Domancy.

« *C'EST LE PLUS BEAU CIRCUIT DU MONDE* » BETH HEIDEN, CHAMPIONNE DU MONDE EN 1980

En 1980, le planning est réduit à sa portion congrue en raison de la proximité des Jeux olympiques de Moscou : seulement deux épreuves, les courses en ligne masculine et féminine. Au seuil d'une prestigieuse et très longue carrière cycliste – elle n'a pas encore renoncé à la pratique du ski alpin – Jeannie Longo est à la recherche d'une reconnaissance internationale sur ses terres. Malheureusement pour la Haut-Savoyarde, au premier passage de la côte (sur quatre au total), sa chaîne se bloque et elle chute. L'incident l'éloigne du podium (dixième place).

« *J'étais facile dans la bosse* », déclare avec plus de légèreté que d'insolence la meilleure grimpeuse, l'Américaine Beth Heiden, 20 ans, petite sœur d'Eric, quintuple champion olympique de patinage de vitesse à Lake Placid. Loin du palmarès de son aîné, elle a cependant remporté l'or mondial en 1979 et le bronze olympique (du 3 000 mètres). Existe-t-il une autre athlète sacrée championne du monde dans deux disciplines différentes en l'espace de deux ans au panthéon du sport ? Son frère la surnomme « la petite puce ». Avec ses 48 kg (pour 1,52 m), elle voltige et fait virevolter ses longues nattes dans la côte de Domancy. « *C'est le plus beau circuit du monde : on peut grimper, on descend, on roule* », énumère la lauréate.

Le plus beau circuit du monde, deux des coureurs de la sélection d'Allemagne fédérale n'ont pas l'opportunité de le vérifier. Autre temps, autres mœurs, Uwe Bolten et Peter Kehl sont renvoyés chez eux pour désobéissance : ils se sont rendus en France en voiture alors que les consignes de leur fédération étaient un voyage à... bicyclette depuis Mannheim, à raison de trois étapes et 700 bornes au total !

Le plus beau circuit du monde, donc, est tracé sur 13,4 kilomètres et doté successivement de 4 000 mètres de plat et faux plat, d'une fameuse côte de 2 700 mètres, d'une descente rapide et sinueuse de 3 600 mètres, d'une deuxième fraction plane de 3 100 mètres au bout de laquelle est tracée la ligne d'arrivée. Vingt tours sont imposés aux concurrents. Vingt fois la côte de Domancy pour un total de 268 kilomètres...

« *UN PARCOURS CONÇU À LA LISIÈRE DU DÉLIRE* » PIERRE CHANY, JOURNALISTE À *L'ÉQUIPE*

Dans son article présentant l'évènement, le journaliste de *L'Équipe* Pierre Chany, qui couvre les mondiaux depuis 1946, affirme que les tracés de Solingen, où Louison Bobet se montra impérial en 1954, et du Nürburgring, où Jacques Anquetil rata de peu le maillot arc-en-ciel, « *font figure de circuits d'initiations pour jardins d'enfants* » comparés à celui de Sallanches ! Évoquant « *un parcours conçu à la lisière du délire* », le reporter visionnaire affirme : « *La course sera épique, elle laissera une trace durable dans l'Histoire, et les dix doigts de nos mains seront peut-être suffisants pour compter les rescapés de Domancy, du nom de la côte où s'effondreront les espérances et où naîtra forcément un triomphe.* »

Ajoutez une troisième main à sa juste prédiction : seulement quinze coureurs à l'arrivée sur les 107 présents au départ ! Et pour le triomphe annoncé, Hinault ne se fera pas prier. Rien, cependant, ne lui est épargné durant les semaines précédant sa conquête majuscule. Cette année-là, son printemps est auréolé d'un succès d'anthologie à Liège-Bastogne-Liège, où il a résisté aux morsures du blizzard dans la traversée de l'immense forêt ardennaise rendue à l'hiver. Mais il vit un été

Objectif atteint. En 1980, le noir et blanc est encore beaucoup utilisé dans la presse.

Quelques secondes avant la cérémonie protocolaire. La fatigue, l'émotion et la déception se lisent sur les visages marqués des trois premiers.

Le champagne est au frais, les bouchons en sursis : le plan de l'équipe de France a parfaitement fonctionné.

Les concurrents d'Hinault dépérissent à vue d'œil. Leur coup de pédale s'alourdit. Ils semblent rapetisser et se contorsionner sous l'ampleur de la tâche.

funeste. Son genou en vrac l'éjecte du Tour de France, à Pau, le 9 juillet. Hinault se remobilise pour être opérationnel fin août. La fédération française de cyclisme « joue » à domicile. Elle a donc opté pour un terrain avantageant sa grande vedette. Jacques Anquetil est « l'homme de terrain » de la sélection. Le Breton admire le Normand pour son exceptionnel palmarès et son immense charisme. Et il a énormément de respect pour le directeur technique national, le colonel Richard Marillier, un drapeau français cousu sur le cœur. À l'âge de 20 ans, ce dernier a été un résistant du maquis du Vercors, ce qui classe un homme. L'ancien instructeur des *commandos* est devenu le premier DTN du cyclisme en 1968. Avec Anquetil, il a construit un groupe entièrement dévoué à son chef naturel, où figurent les grimpeurs Mariano Martinez (grand-père de Lenny, néopro dans l'équipe Groupama-FDJ en 2023), Robert Alban, Jean-René Bernaudeau, Bernard Vallet ou encore Bernard Bourreau, coureur passe-partout que l'amour de la montagne poussera à poser ses charentaises à Passy au début des années 2000. Le 21 août, Hinault renoue avec la victoire au terme de la première étape du Tour du Limousin, à Felletin. Mais, le lendemain, c'est la stupeur... Affaibli par un virus intestinal, il ne peut suivre le rythme du peloton et abandonne après

40 kilomètres ! Sera-t-il prêt à temps ? Il donne rendez-vous à son voisin pour une reprise de l'entraînement. Jean-Pierre Le Godec, son mécano, est un amateur de première catégorie. Son témoignage montre à quel point Hinault pouvait être déroutant : « *Jean-Pierre était mon baromètre. On a fait 60 bornes ensemble. À la fin de la sortie, je lui ai fait la peau* [sic] *et j'ai pensé : Pour Sallanches, c'est bon.* »

« *METTEZ LE CHAMPAGNE AU FRAIS !* » BERNARD HINAULT À L'HÔTELIER DE COMBLOUX

À 72 heures du jour J, il termine à la troisième place de la Route nivernaise, chez Marillier. Au petit matin, il lance à ses équipiers : « *Les gars, ce soir on est champions du monde !* » Et donne cette instruction en quittant l'hôtel Aux Ducs de Savoie, à Combloux, pour le départ de la course : « *Mettez le champagne au frais !* » Bernard Hinault connaît bien cette surexcitation, il l'a éprouvée chaque fois qu'un défi majuscule se dressait devant lui. Dans un grand jour, il est irrésistible, et c'est un très grand jour qui s'annonce.

Il pleut, le temps est frais. Cela ne le dérange pas. Au contraire, plus c'est dur, mieux c'est pour lui. Surprise, il accompagne la première attaque, celle du Belge Johan De Muynck. Coup de folie ? Non, il veut s'éviter quelques risques sur la chaussée mouillée en restant à l'écart du peloton. Il tâte le terrain avant d'entrer dans le vif du sujet. Les deux hommes relâchent leur effort au bout du deuxième tour. Le travail de sape des Tricolores (on ne dit pas encore les Bleus) pour leur leader commence de bonne heure. Alban, Bernaudeau et Ovion foncent sur le plat pour empêcher leurs adversaires de récupérer des efforts fournis dans la côte. À mi-course, Martinez ouvre la route avec presque cinq minutes sur le peloton en sérieuse cure d'amaigrissement. Les concurrents d'Hinault dépérissent à vue d'œil. Leur coup de pédale s'alourdit. Ils semblent rapetisser et se contorsionner sous l'ampleur de la tâche. Le Néerlandais Jan Raas, tenant du titre, met la flèche dès le sixième tour, l'Irlandais Sean Kelly au onzième. L'insigne difficulté de la côte de Domancy, la vitesse et la météo entravent la possibilité de se ravitailler. « *C'était impossible dans la montée bien sûr, très délicat dans la descente mouillée, et on était toujours à fond dans les faux-plats* », témoigne le jeune Espagnol Juan Fernández, heureux d'arracher la troisième place à quatre minutes et demi du vainqueur.

Hinault ne veut laisser aucun répit à ses adversaires, aucune possibilité de reprendre l'initiative. « *Quand Bernard nous a*

Quarante-sept années après ce podium, un Français lèvera-t-il les bras à nouveau à Sallanches après avoir lui aussi essoré la concurrence dans la côte de Domancy ?

demandé de rouler à fond, nous avons donné tout ce qui nous restait », se souvient Bourreau. Une attaque de nerfs signée au patron dans le treizième tour est fatale aux Italiens Saronni et Moser (trop lourd pour « passer »), puis c'est à Zoetemelk, entré en jaune dans Paris six semaines auparavant, de jeter l'éponge. Ce n'est plus une course cycliste, c'est un combat de boxe. Ce n'est plus une route, c'est un stade. L'ambiance est incandescente et le constat saisissant : au vacarme assourdissant qui règne dans la montée succèdent le silence et le sifflement des boyaux dans la descente.

Bernard Hinault accélère encore dans la quatorzième ascension et ainsi de suite jusqu'à la dix-huitième où il n'a plus qu'un seul rival : Gianbattista Baronchelli. Directeur sportif du Blaireau chez Renault-Gitane, Cyrille Guimard a été intégré à l'état-major de l'équipe de France. Posté devant un écran de télévision, il communique les écarts à Anquetil, dans la voiture, et à Marillier, dans le stand. Les trois hommes échangent au moyen de talkies-walkies. Guimard : « *Les autres sont à deux minutes. Que Bernard s'écarte et laisse passer Baronchelli.* » Anquetil : « *Je vais lui dire. Mais c'est incroyable, jamais je n'ai été si nerveux dans une course. Il faut que ça m'arrive maintenant.* » Anquetil encore : « *Baronchelli ne mène pas d'un mètre.* » Guimard : « *Il faut qu'il le plante au prochain passage.* » Anquetil : « *Ça y est, Bernard vient de démarrer. Il tire grand, il fait l'écart, il va gagner !* » Guimard et Marillier d'une seule voix : « *Merci Jacques !* »

Lorsque l'Italien a voulu utiliser le 22 dents, sa chaîne, aussi fatiguée que lui, ne s'est pas logée sur le pignon adéquat. « *J'ai continué sur le 20 et je l'ai sorti de ma roue* », raconte Hinault qui utilisait un plateau de 41. Seize secondes d'avance au sommet de l'ultime passage de la côte, une minute et dix secondes à l'arrivée à Sallanches, huit kilomètres plus loin. Au bout d'une entreprise de démolition qui a duré sept heures et demie : la signature d'un chef d'œuvre ! La pluie alterne avec les éclaircies. Un arc-en-ciel apparaît. Le mythe de Domancy est né.

Local hero

Jacques Michaud, l'échappée belle

20 juillet 1983. Sous un soleil de plomb, le peloton du Tour de France s'est regroupé au niveau de la gare routière du Bourg-d'Oisans, au pied de l'Alpe d'Huez escaladée l'avant-veille. C'est un de ces fameux lendemains de jour de repos, ces journées essentielles pour régénérer l'organisme mais dont les coureurs ne savent jamais comment leurs jambes vont en ressortir. Une journée de repos placée entre deux énormes étapes de montagne, c'est alors la norme, alors que le menu du jour, plutôt indigeste, propose le col du Glandon (escaladé dans l'autre sens lors de la précédente étape), puis ceux de la Madeleine, des Aravis, de la Colombière et de Joux Plane comme dessert, soit un peu moins de 250 kilomètres pour près de 7 000 mètres de dénivelé. Une paille !

Par Laurent Belluard

Avec son vélo Mercier aux tubes Colombus, de l'acier mélangé au chrome et molybdène, Jacques Michaud part à l'assaut d'une étape de légende.

Un des champions de l'équipe COOP-MERCIER-MAVIC

Jacques MICHAUD

Accessoires MAVIC - Tubes COLUMBUS - Selles, potences, cintres et cale-pieds CINELLI - Roues libres MAILLARD - Chaînes SEDISPORT - Bidons et porte-bidons DITTA COBRA - Pompes ZEFAL - Pneus spéciaux MICHELIN - Maillots et survêtements TRICOTS DU ROCHER - Cuissards et combinaisons ASSOS - Blousons ASPEN - Gants RACER - Socquettes KINDY - Chaussures NOEL - Produits énergétiques GERBLE - Boisson ATHLON - Les véhicules VOLVO de l'équipe COOP-MERCIER-MAVIC sont assurés par la Société Coopérative d'assurances "LA SAUVEGARDE".

Jacques Michaud, l'échappée belle

À l'amorce de Joux Plane, Jacques Michaud possède une belle avance, encore faut-il tenir jusqu'au sommet de ce col très exigeant…

Ce que personne ne savait, alors que les coureurs revenaient vers leurs voitures après être descendus de l'Alpe d'Huez à vélo (l'époque, ils étaient très facilement accessibles, sans barrières ni protocole), c'est que Jacques Michaud, le coureur de l'équipe Coop-Mercier au service de Joop Zoetelmelk, allait survoler l'étape pour arriver en solitaire à Morzine, signant sûrement sa plus belle victoire en carrière. « *Au pied de la descente de Joux Plane, il me restait à effectuer un parcours de cinq kilomètres dans Morzine, mais j'étais complètement euphorique en traversant le public massé sur les côtés de la route. Les leaders, eux, sont habitués à cette ambiance mais, pour un équipier, c'est une découverte. Ça a été énorme pour moi en termes de popularité. Contrairement aux sprints, les étapes de montagne durent dans l'imaginaire collectif parce qu'à l'époque, la retransmission télévisuelle durait seulement une heure et demie et, ce jour-là, dès la prise d'antenne, j'étais seul en tête ! On m'en parle encore aujourd'hui, quarante ans après…* »

PUR PRODUIT D'APPELLATION D'ORIGINE CONTRÔLÉE

Pur Haut-Savoyard, né à Saint-Julien-en-Genevois le 11 juillet 1951, Jacques Michaud est issu d'une famille de six enfants, lui-même étant le troisième de la fratrie. Sa mère s'occupe des enfants, alors que son père fabrique des fromages, de l'emmental en particulier. En 1958, la famille s'installe à Gaillard, à côté d'Annemasse, sur les berges du Foron. Si le papa s'intéresse au cyclisme, il ne pratique pas et les années passent loin du cyclisme. Lorsque son frère aîné décide de s'inscrire au vélo-club d'Annemasse, Jacques, qui préfère le foot, suit sans enthousiasme particulier. Jusqu'au mois de mai 1968. La France paralysée est inondée de soleil, les enfants livrés à eux-mêmes. Plus d'école, si ce n'est l'école buissonnière devenue légale ! « *Comme il y avait la grève, j'ai incité deux ou trois copains à faire une course autour de notre maison familiale, histoire de passer le temps, mais en pédalant dans un virage, ma pédale a touché les gravillons et rapidement moi aussi. Résultat : double fracture tibia péroné. J'ai pu reprendre le vélo en 1969. La saison 1970 s'est alors pas mal déroulée, sans plus, mais j'avais pris goût à cet effort et assimilé les bases de la tactique. C'est vraiment en 1971 que j'ai beaucoup gagné : huit courses à la suite de mémoire. J'avais 20 ans et je suis passé en première catégorie, rejoignant mon frère Jean-Louis qui marchait fort aussi. Sauf*

coop
coop
MAVIC
coop
MERCIER
MOTO-PRESSE
REPORTAGE
TOUR DE
224
PRESSE

Dépité mais lucide, Jacques décide d'arrêter, de faire une croix sur le haut niveau. Avec ses parents, il décide alors de s'occuper d'une petite laiterie à Annemasse, tout en continuant les courses amateurs pour le plaisir.

qu'en 1972, l'armée m'a appelé. Mais pour espérer le bataillon de Joinville, mieux valait faire partie d'un grand club d'Île-de-France plutôt que d'un club de Haute-Savoie... »

LA CLASSE, MAIS LES CLASSES...

Direction Montluçon, sans vélo. Pas un seul coup de pédale à se mettre sous les rangers. Si l'époque n'est pas encore aux gains marginaux, les cyclistes sont déjà secs, une forme d'ascèse pas simple à maintenir à la caserne. « *J'ai rattaqué en 1973, mais j'avais pris du poids et j'ai dû attendre la seconde moitié de saison pour marcher à nouveau. À Annemasse, on avait une bonne équipe pour les contre-la-montre par équipe et, à Dax, au championnat de France des clubs, on a failli gagner, juste derrière le plus gros club parisien, l'ACBB, ce qui a étonné tout le monde. On était déjà champions du Sud-Est. Comme en 1974, j'ai eu une grosse année, j'étais champion régional, j'avais eu quelques contacts via le club avec Henri Anglade qui dirigeait l'équipe Lejeune, mais je n'ai pas pu intégrer l'effectif pour cause de budget. J'avais quand même une forme de promesse d'être pris l'année suivante si je continuais à gagner et j'étais rentré au Club France qui regroupait les meilleurs amateurs. Mais lors de la première course de la saison 1975, au Tour d'Algérie dont le plateau était très relevé avec, entre autres, les équipes des pays de l'Est, j'ai subi une terrible chute au sixième jour. Mal soigné, j'ai eu une infection sur une plaie à la jambe qui m'a empêché de jouer les premiers rôles les mois suivants. J'avais grillé ma cartouche...* »

Dépité mais lucide, Jacques décide d'arrêter, de faire une croix sur le haut niveau. Avec ses parents, il décide alors de s'occuper d'une petite laiterie à Annemasse, tout en continuant les courses amateurs pour le plaisir. Pendant trois ans, ses parents ou ses frères le remplacent lorsqu'il court. Petit à petit, il gagne à nouveau et participe, en 1978, au Tour de l'Avenir, prestigieuse course toujours d'actualité. « *Là-bas, le DTN m'a dit que c'était dommage que je ne sois pas pro... J'ai fini parmi les meilleurs Français avec une proposition pour passer pro et, surtout, un énorme dilemme : que faire ? Après discussion, on a décidé en famille de vendre le magasin et, même si les conditions financières de mon contrat étaient faibles, je suis passé cycliste professionnel chez Flandria, où j'ai gagné directement la première course par étapes de la saison, l'Étoile de Bessège. Mon leader, Joaquim Agostinho, m'a alors voulu à ses côtés et, comme j'avais déjà 28 ans, j'ai tout de suite fait le gros programme de courses avec le Dauphiné, le Tour de France, etc. Chose impensable pour un jeune à l'époque !* »

1983

S'ensuivent quelques saisons avec des changements de sponsors et de leaders, comme Dietrich Thurau qui ne s'entendait pas avec la direction sportive, jusqu'à ce que Jean-Pierre Danguillaume, vainqueur de sept étapes sur le Tour de France, s'intéresse à Jacques. Dans son équipe Coop-Mercier, ses leaders Joop Zoetemelk et Raymond Martin lui ont parlé de cet équipier généreux et travailleur. « *J'ai donc changé en 1982 pour Coop-Mercier et 1983 a été ma plus belle année. De temps en temps, on me laissait la possibilité de m'exprimer, de jouer ma carte. J'avais ainsi gagné, en 1982, une étape sur le Critérium du Dauphiné à Saint-Chamond, pas loin du siège des cycles Mercier, et fait troisième au championnat de France, derrière Régis Clère, un de mes équipiers, et Bernard Vallet. Au Tour, cette année-là, on a été cinq sur neuf dans l'équipe à avoir gagné une étape. Moi le dernier, sur cette fameuse étape Bourg d'Oisans – Morzine.* »

L'heure de la délivrance à Morzine. Le local de l'étape avait un atout majeur dans sa poche, la parfaite connaissance de la route.

Chez lui, à Grenoble, Jacques Michaud conserve le maillot Mercier de ce jour de gloire.

coop
cycles
MERCIER
TOTAL
infer
ASSISTANCE
DIRECTION COURSE
OCEANIC
Kawasaki

MAVIC
coop
cycles
MERCIER
TOTAL
Maillot de JACQUES MICHAUD en 1983, année de sa magnifique victoire à MORZINE le mercredi 20 juillet 1983, 18ème étape BOURG-D'OISANS – MORZINE.
Jacques MICHAUD en plein effort dans l'ascension de Joux Plane, il va glaner la plus belle victoire de sa carrière entre BOURG-D'OISANS et MORZINE.

Local hero

Jacques Michaud, l'échappée belle

Malgré un développement de dingue et près de 7 000 mètres de dénivelé lors de cette étape entre l'Alpe d'Huez et Morzine, l'écrémage progressif entre les leaders a propulsé le Haut-Savoyard à l'avant de la course.

Interview

De la genèse contrariée d'un coureur d'Annemasse aux années de direction sportive, dans les voitures des équipes RMO, PMU, Post Suiss Team, Phonak ou encore BMC avec Cadel Evans comme leader, il s'est passé ce jour de légende, le 20 juillet 1983. Retour sur cette folle échappée.

Une telle échappée, comment ça se décide ?

Jacques Michaud : Je marchais vraiment fort sur ce Tour de France. Déjà dans les Pyrénées, sur la grande étape Pau – Luchon avec l'Aubisque, le Soulor, le Tourmalet, l'Aspin et Peyresourde, j'étais échappé, seulement rattrapé dans le dernier col par les cadors (Fignon, Millar, Roche, Simon, Delgado...). J'ai fini huitième, une grosse minute derrière Fignon qui gagne ce Tour 1983... J'étais donc prêt, physiquement et mentalement, pour ce type de prise de risques, d'autant que cette année, notre leader Joop Zoetemelk avait été contrôlé avec un produit style Ventoline, non interdit mais suspicieux, et donc rétrogradé à la dernière place. On avait donc quartier libre pour aller jouer les étapes, ce qu'on n'aurait jamais pu faire sinon. Ce jour-là, mon but était de partir dans une échappée, mais les leaders n'ont pas laissé partir et restaient aux avant-postes, entraînant une course de sélection par l'arrière. L'étape affichait presque 7 000 mètres de dénivelé. À l'époque, on n'en parlait même pas ! On savait juste qu'il s'agissait de l'étape la plus difficile du Tour, ça suffisait... Au sommet de la Madeleine, il ne restait qu'environ vingt-cinq coureurs et Fignon était déjà tout seul, sans équipiers, alors que Winnen et sa Raleigh en avaient trois, comme les Peugeot avec Millar, Andersson et Roche. Ils ont choisi de rouler à fond dans la vallée pour mettre en péril le maillot jaune, Fignon. C'est alors que Cyrille Guimard est venu à hauteur de Fignon pour lui dire : « *Si tu restes là, on perd le Tour ! Décroche, tes équipiers sont trois minutes derrière.* » C'était un risque énorme pour lui ! Dans le col des Aravis, les équipiers de Winnen ont tous explosé. Puis, dans les derniers kilomètres de la Colombière, voyant que le groupe Fignon revenait, je suis passé à l'attaque. J'avais peu d'avance au sommet, mais comme je connaissais par cœur ces routes (mes routes !), j'ai pu faire la descente à fond. Comme prévu, Fignon a récupéré Winnen et ça s'est regardé, comme on dit dans le jargon cycliste. Moi, j'ai roulé à bloc et au pied de Joux Plane, j'avais presque cinq minutes d'avance : un bon pactole ! Seulement, avec mes 70 kg, je n'étais pas sûr que ce matelas serait suffisant. Mon arme, là aussi, c'était de connaître très bien ce col, de ne pas être surpris par sa difficulté. Il faut dire qu'on ne faisait quasiment pas de reconnaissances à l'époque. J'ai pris mon rythme alors que, derrière, c'était la guerre. Ça attaquait à tout va, avec des accélérations terribles et des temps calmes. Au final, ils ne m'ont pas repris beaucoup de temps. Je savais le sommet – avec un monde fou – bien plus facile pour remettre du braquet et basculer dans la descente, où j'ai repris du temps car je savais où mettre mes roues. Ça m'a même permis de lâcher les motos suiveuses. On m'a dit que sur le direct télé, Robert Chapatte avait dit à ce moment : « *Ça y est, Michaud est seul !* » Seul l'hélico pouvait suivre...

En voyant les images, la première chose frappante est d'imaginer réaliser un tel parcours sur le type de développements utilisés à l'époque. Combien exactement ?

J.M. : On avait des roues libres de 7 vitesses, avec 53/42 devant et 23 derrière au plus gros ! Ça paraît dingue, mais c'était pour tout le monde pareil... Connaître le parcours avait alors davantage d'importance, car il fallait traîner ce braquet ! Si je n'avais pas été le régional de l'étape, j'aurais sûrement lâché mentalement dans Joux Plane, même s'il y a une vraie différence entre passer sur une route vide un jour et, en course, avec une foule en délire. Certains coureurs ont cette mémoire visuelle, d'autres moins et n'ont pas l'impression d'avoir déjà parcouru la route, ils perdent leurs repères ce qui induit du doute. Aujourd'hui, les équipes font des vidéos et les passent

Local hero

Jacques Michaud, l'échappée belle

comme des piqûres de rappel, jusque dans le bus avant le départ. Si tu rajoutes les oreillettes, les compteurs GPS avec le tracé, ce n'est plus tout à fait le même avantage de connaître les montées et les descentes, mais ça le reste quand même. Et puis, avant, avec ces étapes de dingue, ça roulait moins vite au départ, il faut le reconnaître. Dans la même étape aujourd'hui, il y aurait eu une échappée immédiate et l'équipe du maillot jaune aurait fait le tempo derrière.

Quel regard portez-vous sur les jeunes pépites du cyclisme ?
J.M. : Les jeunes recommencent à prendre des risques, à attaquer de loin. J'ai également vécu l'époque du cyclisme où les contre-la-montre faisaient les écarts (Hinault, Indurain), puis celle où l'attaque se faisait dans le dernier col (les années 2010), mais maintenant, on recommence à voir des attaques lointaines de la part des leaders, pas à 100 kilomètres de l'arrivée car il faut gérer et penser au lendemain, mais à des distances que l'on avait perdu l'habitude de voir. C'est beaucoup moins stéréotypé même si le cyclisme devient hyper professionnel. À mon époque, par exemple, on mangeait beaucoup mais on buvait peu. Eux font exactement l'inverse et ils ont bien raison ! Avant, on disait d'un coureur qui ne buvait pas qu'il était un champion... C'est aussi la raison pour laquelle les étapes ne partaient pas vite : au départ, on avait mal aux jambes et il fallait remettre la machine en route. Aujourd'hui, les coureurs arrivent neufs au départ !

Un conseil pour Joux Plane ?
J.M. : Ça va être une belle étape, pas très longue, mais avec Joux Plane en fin de journée, ce sera dur pour les amateurs de l'Étape du Tour. Chez les pros, il faut imaginer que le *gruppetto* roule plus vite que la tête de course en descente et sur le plat, donc même le dernier de l'étape fait souvent mieux que le vainqueur de l'EDT. Mais mieux vaut ne pas tenter de mettre un 42 x 23 comme à mon époque ! Ça, c'est mon conseil ! Ceci dit, les braquets d'aujourd'hui sont aussi un peu un piège, car il faut aussi de la force pour avoir de la puissance. C'est bien de tourner les jambes, mais il faut aussi appuyer, sinon ça n'avance pas... Il y a quarante ans, je savais déjà qu'il fallait enrouler le braquet : ce qu'on apprend en faisant de la force. Il suffit de regarder Pogačar pour visualiser la perfection en termes d'efficacité au pédalage.

Le groupe n'a pas encore volé en éclats sous les coups de boutoir de Jacques Michaud. Dans sa roue, le grimpeur Robert Alban finira à 2'19 et Stephen Roche, pas encore leader chez Peugeot, à 2'48.

Industrie

Le sang jaune et l'ADN d'une passion

Mavic, c'est l'histoire d'une passion française pour le cyclisme dans sa globalité, car la marque a conquis des titres et séduit les pratiquants, du compétiteur au néophyte, sur la scène du vélo de route, de la piste et du VTT. Mais c'est avant tout une aventure industrielle plus que centenaire, mieux qu'une vocation : un destin.

Par Cédric Leroy

MAVIC
SERVICE DES COURSES
MAVIC
MAVIC
87
MAVIC
8341 ST 01
l'ain
SEOUL 1988

Cinq lettres et une couleur jaune. Une marque, un emblème. Mavic a été créé à Lyon en 1889. Alors que les frères Léon et Laurent Vielle mettent sur pied une activité de nickelage de métaux, Charles Idoux et Lucien Chanel se lancent, eux, dans la fabrication et la vente de pièces détachées pour bicyclettes. Si les premiers donnent naissance aux Établissements métallurgiques du Rhône (EMR), qui exploitent la marque AVA, les seconds créent Mavic pour Manufacture d'articles vélocipédiques Idoux et Chanel. Le point commun de ces deux structures ? Leur PDG, Henry Gormand.

En 1923, la couleur symbolique du jaune apparaît déjà sur le logo de la marque, ce qui sera la base d'une campagne marketing à travers les réseaux sociaux quatre-vingts ans plus tard : « Mavic, le sang jaune ». Mais au début du siècle et pendant quelques décennies, les lettres rouges sur fond jaune vont faire rêver des pelotons entiers de cyclistes à travers le monde. Clin d'œil amusant, en 1933, Mavic se lance dans la fabrication de voitures à pédales pour enfants : jouet on ne peut plus apprécié dans les années 1930 ! La marque fabrique deux modèles avec des roues à rayons habillées d'enjoliveurs, un entraînement de l'axe arrière par chaîne, une capote et une malle arrière. Du bel ouvrage, qui amène les enfants d'Henry Gormand à se retrouver sur un catalogue de l'époque au volant d'une voiture jaune et noire.

Or, en 1973, Mavic devient la voiture d'assistance et de dépannage sur les courses professionnelles cyclistes. En 1977, elle apparaît sur le Tour de France, où elle officiera pendant quarante-trois ans. Ce sont à nouveau des voitures jaunes et noires, à l'échelle 1 certes, que l'on verra donc sur les routes du Tour, de Paris-Roubaix, de Paris-Nice... et même sur des cyclosportives, ces événements de masses pour les cyclistes passionnés. L'histoire raconte que c'est en proposant au pied levé sa voiture à un directeur sportif en panne sur le Critérium du Dauphiné Libéré de 1972 que Bruno Gormand eut l'idée de mettre à disposition une assistance « neutre », totalement innovante et parfaitement adaptée aux coureurs et aux organisateurs, une équipe d'assistance pouvant s'intercaler entre les groupes de cyclistes pour les dépanner immédiatement. La première assistance course Mavic eut lieu sur la Course au soleil, Paris-Nice, en 1973.

À LA POINTE DE L'INNOVATION

L'année 1934 marque un tournant dans l'histoire de Mavic. Non pas pour son garde-boue à Bavolet, quoique ce fût un des fleurons de la marque, mais parce qu'Antonin Magne s'aligne sur le Tour de France et le gagne avec un produit Mavic. Méticuleux, « Tonin le sage », coureur reconnu comme précurseur dans les domaines de l'entraînement et de la préparation, teste de nouvelles jantes en secret. Elles sont peintes couleur bois pour ne pas attirer l'attention, mais ne pèsent que 750 g contre 1,2 kg pour les jantes en acier de l'époque. Antonin Magne remporte là son deuxième succès sur le Tour de France, avec cette jante boyaux à œillets qui sera au cœur des courses durant de nombreuses années. En fait, sur une jante creuse en Duralumin, Mavic invente une sorte de « tube », l'œillet, qui fait supporter la tension des rayons par les parois inférieures et supérieures de la jante. Sauf qu'un Italien, Mario Longhi, mettra au point le même procédé et déposera son brevet le 5 janvier 1934... deux heures avant Mavic ! L'Italien laisse Mavic exploiter cette innovation sous licence jusqu'en 1947. Malgré quelques déboires techniques liés à une colle inadaptée sur l'alliage léger et malgré les échauffements du freinage sur les flancs faisant déjanter les boyaux, cette technologie va supplanter les autres modèles. La roue Dura s'impose et prouve, avec des victoires sur les parcours difficiles des routes de l'époque, qu'elle est solide et séduisante pour les compétiteurs.

Le domaine de la recherche et l'innovation devient le cheval de bataille des ingénieurs de la marque jaune. Ainsi, en 1973, le bureau d'études travaille sur une roue lenticulaire en fibres de verre. Cette première roue aéro signée Mavic, s'inspirant des premières recherches du genre, est testée sur la piste et sur la route. Même si les

Antonin Magne en 1934, sur l'étape menant de Pau à Bordeaux.

Laurent Pillon termine deuxième des Boucles catalanes en 1989. En arrière-plan, la Peugeot 504 suiveuse de Mavic.

Le prototype de la pédale Clipless de Mavic.

36

AGF
BIENERGIE
BIENERGIE
Le chauffage qui assure
MAVIC
MAVIC
7390 SB 01

règlements interdisent son utilisation, la chasse aux brevets est lancée.

L'année 1975 est riche en concepts novateurs qui scellent des avancées majeures pour le cyclisme et la société, à l'image des premières jantes anodisées avec un traitement qui augmente la dureté de leurs parois, les protégeant de la corrosion, de couleur argentée, dorée ou bleutée, telle la fameuse Bleue SSC. Puis viennent les 500 RD, des moyeux fluides avec des roulements annulaires étanches, flasques, adaptés pour fixer le rayon réglable et démontable. Forte de cette nouvelle qualité de roulement, Mavic crée un boîtier de pédalier à corps monobloc avec roulements annulaires étanches et parfaitement alignés : le 600 RD.

Mais plus encore, alors que le boyau représente le contact ultime entre la route et le vélo pour le coureur, Mavic planche sur le Module E, la première jante à crochets pour fixer un pneumatique, avec un double pont « à crochets » pour accueillir un pneu haute pression mis au point par Michelin, le pneu Elan. Avec ce brevet, Mavic développe une nouvelle génération de jantes à pneus. Si le boyau demeure préféré par les pelotons durant de nombreuses années, force est de constater qu'aujourd'hui, il est utilisé par les champions sur les courses pros, avec ou sans chambre à air *tubeless*.

La roue demeure le fer de lance des usines Mavic, avec des modèles de légende : la CXP 25, l'Hélium, la Comète, la Cosmic, la Ksyrium. La roue Hélium constitue les prémices de la roue de montagne *light*, une roue à l'anodisation rouge taillée pour glaner des victoires prestigieuses à l'image de celle de Laurent Jalabert, ou la Ksyrium avec ses rayons en tubes de carbone. Mavic développe également des jantes intégralement en carbone, des modèles à trois bâtons qui vont « rayonner » sur la piste des Jeux olympiques ou aux mondiaux, et bientôt sur les parcours des courses pros sur route.

Mavic diversifie sa production dans les années 1980 avec des transmissions (pédaliers, dérailleurs, étriers de freins), à l'image de l'ensemble 1 000 Spécial Service Courses, associé aux jantes SSC Grise Paris-Roubaix et G40. En 1989, c'est avec une transmission Mavic que l'Américain Greg LeMond signe son retour après son accident de chasse et qu'il s'impose pour huit secondes sur le Tour de France, après un duel d'anthologie avec Laurent Fignon sur les Champs-Élysées.

À cette époque, la marque ne rate pas l'essor du VTT, mais tous ces nouveaux marchés ne sont pas toujours récompensés par les ventes à succès. Trop avant-gardistes ? Trop pointus ? Hors marché ? Peu importe. Refaire l'histoire a *posteriori* n'a aucune utilité, force est de constater qu'après avoir eu longtemps raison sur l'air du temps, la machine s'est parfois grippée.

Le Mavic Air Department a pour but de commercialiser des avions ultra-légers (ULM), assemblés ou en kit. Deux modèles sont au catalogue 1984 : l'Avid Flyer et l'Air Plume, mais les

En 1989, c'est avec une transmission Mavic que l'Américain Greg LeMond signe son retour après son accident de chasse et qu'il s'impose pour huit secondes sur le Tour de France, après un duel d'anthologie avec Laurent Fignon sur les Champs-Élysées.

La roue Comète, à la recherche des premiers gains marginaux, se joue du vent afin de faire vivre l'adage qui veut que « le vélo, c'est de la voile ! »

Les voitures jaunes ont su traverser les années et les courses cyclistes, une énorme publicité pour les produits Mavic. Depuis 1977, les voitures d'assistance neutre parcourent les routes du Tour de France et de bien d'autres courses.

Des cercles Mavic en bois de 1935, un peu avant l'utilisation du carbone…

MAVIC

60 80
MAVIC
141
BOTTECCHIA

MAVIC
SERVICE DES COURSES
TOUR DE FRANCE 77
132
TOTAL
3830 QA 01

2020 marque la dernière année des voitures neutres Mavic sur le Tour de France, la fin d'une époque ou plutôt le début d'une autre, après la reprise de l'entreprise par le groupe Bourrelier.

ventes ne dépassent pas quelques unités. Le décès brutal de Bruno Gormand, en décembre 1985, met fin à cette activité. En revanche, c'est toujours l'avion Cessna, acquis par la société, qui assure le relais-radio sur les courses jusqu'en 1986.

En 1992, le premier dérailleur Mavic à commande électrique est expérimenté par les équipes Once et RMO sur le Tour de France. Ce ZMS (Zap Mavic System) est le premier dérailleur arrière piloté par microprocesseur avec des commandes sur le guidon pour descendre ou monter les vitesses, une évidence aujourd'hui mais dont la carrière fut brève. Peu importe. En 1999, c'est le Mektronic, un groupe à transmission électronique par ondes radio codées numériquement avec des points de commande intégrés dans les poignées et un ordinateur de bord donnant la vitesse, la distance parcourue, le temps écoulé, le pignon sélectionné, etc. Hélas, ce dernier ne connaît pas le succès retentissant des transmissions nippones qui voient le jour près de quinze ans plus tard...

L'intégration de la société Mavic à Salomon et au groupe Amer Sports va lui donner l'opportunité de conquérir le marché des « *soft goods* », c'est-à-dire des vêtements, des casques et des chaussures, une production qui reprend vie depuis deux années et le rachat de Mavic par le groupe Bourrelier. Mavic retrouve une dimension de PME autonome avec un recentrage sur les produits qui ont fait le succès de la marque. Mais l'innovation demeure dans son ADN, comme le montre, par exemple, le lancement d'un moteur novateur pour le vélo de course électrique, le projet X-Tend débuté en 2016, qui a pesé lors de l'acquisition par les nouveaux investisseurs.

Depuis les débuts de l'entreprise, fondée en 1889 par Charles Idoux et Lucien Chanel et restée aux mains des descendants des fondateurs jusqu'en 1994, le fil rouge – ou plutôt jaune – est demeuré la passion avec, aujourd'hui, la volonté d'affirmer la notion de « *made in France* ». Une logique industrielle à coup sûr bien ancrée dans l'époque.

SAINT GERVAIS
MONT-BLANC
VILLE ETAPE 2023
TOUR DE FRANCE
16-19 JUILLET
À Saint-Gervais, c'est avant tout la vue qui va vous couper le souffle!
Ouf!
pepperstudio.com © Photos : B. Molinier, P. Deloche
Tour de France
SAINT GERVAIS MONT-BLANC
haute savoie le Département
VILLE ÉTAPE 2023
SAINTGERVAIS.COM
Oh! ÉmOtions Alpines

Portfolio

Haute montagne

Rouler en Haute-Savoie, c'est parcourir de belles routes, visiter des villages typiques et découvrir un patrimoine riche... comme partout ailleurs en France ! Sauf en termes de paysage : pour le coup, bien peu de départements peuvent proposer un tel face-à-face avec la haute montagne et l'altitude, un relief singulier qui ramène les plus hauts cols routiers à l'état de faire-valoir. Des montagnes nourries par l'histoire de l'alpinisme, par la légende des conquérants de l'inutile, dont chaque bon cycliste doit s'inspirer en parcourant ces routes offrant ces paysages spectaculaires. Coup de zoom sur les plus grandes faces alpines.

Par Laurent Belluard

Peu après le sommet du difficile col de Joux Plane en venant de Morzine, le panorama sur le massif du Mont-Blanc prend toute son ampleur.

Mont Blanc et Aiguille de Bionnassay

Depuis la route menant de Saint-Gervais-Mont-Blanc aux Contamines-Montjoie, l'imposante face nord-ouest de l'aiguille de Bionnassay ressemble un peu à un océan de glace figé, à l'image de la face nord du mont Blanc. Dans le prolongement des dômes de Miage (3 673 m), plus visibles, Bionnassay passe la barre symbolique des 4 000 mètres d'altitude (4 052 m), entrant dans le club fermé des sommets français franchissant cette barrière. Son ascension, longue et exposée aux chutes de glace (et aux avalanches même en été), peut s'enchaîner sur celle du mont Blanc pour des alpinistes d'expérience et en excellente forme, cette longue balade en haute altitude pouvant s'avérer exténuante pour peu qu'il faille faire la trace dans de la neige fraîche. Car oui, cette face sauvage, pourtant proche du dôme du Goûter et du refuge éponyme, sur la voie normale surfréquentée du mont Blanc, demeure un espace d'aventure où la solitude est de mise. En grimpant au sommet du village de Bionnassay, on s'approche au plus près de la face. Paradoxalement, cette face glaciaire majeure n'a pas causé de drame aussi significatif que celle liée au petit glacier voisin de Tête Rousse (alors même pas représenté sur les cartes !), lorsqu'en 1892, une poche d'eau sous-glaciaire estimée à 200 000 m^3, vint à céder, entraînant dans sa course folle une énorme masse de roches, d'alluvions morainiques ou d'arbres, au gré des étages alpestres, détruisant une partie de la cité thermale de Saint-Gervais. Avec 175 morts, il s'agit là de la plus grande catastrophe hexagonale des temps modernes...

Sur cette image, on peut voir également presque en intégralité la voie classique pour accéder au mont Blanc par le refuge du Goûter (au sommet de la vaste masse noire), en traversant le dangereux couloir éponyme bien visible également, mais très exposé aux chutes de pierres. Tout en haut, presque caché, domine le mont Blanc et ses 4 810 mètres, approximativement, le vent et les précipitations faisant régulièrement évoluer cette mesure.

Les dents Blanches

Si cette série de pics rocheux ne franchit pas la barre des 3 000 mètres d'altitude, ces dents Blanches du Haut-Giffre sont en revanche emblématiques, tant du côté français que suisse, et un classique de la randonnée depuis le refuge de la Vogealle sur la commune de Sixt-Fer-à-Cheval, au cœur de la réserve naturelle de Sixt, sur les hauteurs du magnifique cirque du Fer-à-Cheval et ses multiples cascades. Elles tirent leur appellation de la couleur blanche de leur calcaire urgonien, beaucoup plus clair que les calcaires siliceux sombres de l'Hauterivien alentour ! C'est donc des dents Blanches sans neige dont on peut faire le tour en quatre jours, ou seulement admirer un brin d'herbe entre les dents !

Pic de Tenneverge

Imposant sommet du Haut-Giffre, le Tenneverge culmine à 2 836 mètres d'altitude avec ses deux impressionnantes antécimes, les Cornes du Chamois. La qualité du rocher n'en a pas fait un endroit majeur pour l'escalade, même si la première ascension de la Corne nord-est a été réalisée par une équipe menée par le célèbre guide René Desmaison en 1970. En revanche, plus emblématique pour l'alpinisme, le Tenneverge est entouré du cirque du Fer-à-Cheval d'un côté et du fond de la Combe de l'autre, deux endroits sublimes pour la randonnée, mais aussi pour l'escalade sur glace l'hiver. En effet, une trentaine de cascades coulent au printemps dans le cirque et plus d'une dizaine dans le second secteur. Unique en France, ce site d'ampleur a permis aux meilleurs glaciéristes de repousser les limites de la difficulté avec, l'hiver dernier encore, de nouvelles ouvertures de ligne extrêmes. Il est notable ici de comparer les formes que peut prendre une même montagne selon l'endroit d'où on l'admire...

Mont Blanc et l'Aiguille du Midi

En prenant un peu de recul depuis Chamonix, on se rend compte de l'ampleur du mont Blanc, un peu comme s'il se déployait au fil de la prise d'altitude. Eh oui, le mont Blanc, c'est haut, mais c'est long aussi en termes de kilométrage ! Depuis la droite, on reconnaît le dôme du Goûter et la longue arête des Bosses menant au sommet, puis le mont Maudit (4 465 m), et plus à gauche, le mont Blanc du Tacul (4 248 m). Plus en avant, l'Aiguille du Midi (3 842 m) est accessible toute l'année grâce à son fameux téléphérique, offrant à chacun un panorama à couper le souffle sur la haute altitude mais aussi sur les aiguilles Rouges, le massif du Giffre et la chaîne des Fiz, les Aravis.

Les Aravis

Si son plus haut sommet, la Pierre Percée, est un classique du ski de montagne et héberge également des voies d'escalade, ce massif calcaire de moyenne altitude est avant tout un petit paradis pour l'ensemble des sports de montagne, été comme hiver. La station du Grand-Bornand accueille régulièrement une étape de la coupe du monde de Biathlon, énorme succès populaire, mais aussi des arrivées d'étapes du Tour de France... Mais les Aravis, c'est aussi le reblochon, fromage emblématique du massif, issu de la rebloche, la seconde traite que faisaient jadis les paysans pour contourner l'impôt sur le lait. Géologiquement, le massif relève de manière simpliste d'un système de bandes plissées, contraintes par l'émergence récente du massif du Mont-Blanc et celui de Belledonne, à l'opposé. À cette thèse, on préférera la légende qui veut que Gargantua, franchissant les Alpes, donnât un coup de pied dans le massif créant le col des Aravis, le morceau arraché étant la Pierra Menta, plantée dans le massif voisin du Beaufortain, une autre histoire de fromage !

Les Drus et l'aiguille Verte

Omniprésente depuis Chamonix, l'aiguille rocheuse des Drus, flamme de granite dressée comme la justice, semble adossée à l'aiguille Verte pourtant très blanche du haut de ses 4 122 mètres d'altitude. Si différentes théories tentent d'expliquer cette curieuse appellation, aucune ne fait complètement référence... Sa face nord, qui donne sur le glacier d'Argentière, propose des itinéraires majeurs et, heureusement, quelques couloirs plus accessibles que les amateurs de ski de pente raide parcourent avec plaisir au printemps. Les Drus, eux, ont été un haut lieu de l'alpinisme avec des voies rocheuses très difficiles et des épopées parfois tragiques, mais l'impact du réchauffement climatique, deux fois plus rapide en montagne qu'en plaine, a hélas déjà fait tomber des piliers entiers de l'aiguille, la glace qui soude entre elles les masses granitiques au cœur de la montagne (permafrost) fondant peu à peu et ne faisant plus office de ciment. On ne peut que vous inciter à prendre le petit train du Montenvers pour aller découvrir ces deux sommets de plus près et profiter de la Mer de Glace et des Grandes Jorasses, tout au fond, à la frontière italienne.

La Verte

Vue depuis la route du col des Grands Montets, l'Aiguille apparaît centrale et dévoile sa face glaciaire plongeant sur le bassin d'Argentière avec, dans la continuité, la très exigeante face nord des Droites où ont été tracées parmi les plus difficiles lignes de « mixte », c'est-à-dire mêlant escalades en glace et sur rocher. Particulièrement raide, ce toboggan de glace a été, avec les Grandes Jorasses, l'endroit où se sont joués les enchaînements hivernaux les plus spectaculaires au tournant des années 1980 lorsque, devant les caméras de télévision, Éric Escoffier et Christophe Profit courent comme des chamois, en solitaire, dans ces faces qui ont fait l'histoire de l'alpinisme, chacun dans son projet. Jusqu'alors, l'alpinisme était fait de « sièges » avec des équipes lourdes qui s'acharnaient pour « faire tomber » un sommet. Dès lors, il sera fait de légèreté et de vitesse. L'analogie avec le cyclisme n'est pas vaine : les étapes d'antan au kilométrage fou ont été remplacées par une course de mouvement où la légèreté reste là aussi un paramètre essentiel...

THE SCIENCE OF FABRIC
Think Ahead*
*Anticiper
©2023 POLARTEC, LLC. POLARTEC® IS A REGISTERED TRADEMARK OF MMI-IPCO, LLC.
POLARTEC®
WARM / DRY / COOL / SAFE

Cyclosportif

Annemasse-Morzine : mieux qu'une étape, une épopée !

Si Annemasse avait accueilli le Tour en 2004, c'est la première fois qu'elle sera ville-départ de la célèbre épreuve cyclosportive – regroupant près de 15 000 inscrits – sur le parcours exact de l'une des étapes phares de la plus grande course cycliste au monde. Ces 152 kilomètres avec 4 000 mètres de dénivelé se dérouleront, comme chaque année, sur des routes fermées à la circulation – détail suffisamment rare pour être signalé – et sous les encouragements des aficionados déjà en place au bord de la route, attendant le jour J dans leur camping-car, toujours prêts à s'enflammer auprès de la cohorte d'amateurs plus ou moins entraînés pour un tel challenge !

Par Laurent Belluard & David Polveroni

Le sublime panorama offert par le col de Joux Plane avant de basculer sur Morzine, maigre réconfort comparé aux efforts consentis…

Annemasse - Morzine :
mieux qu'une étape, une épopée !

L'Étape du Tour, c'est un peu l'esprit Coupe de France au football, où les petits poucets se frottent aux mastodontes de l'épreuve, un avant-goût de ce qui attend les pros avec, comme un abîme, la comparaison des chronos qui donne le vertige : comment font-ils pour rouler si vite, et chaque jour ? Pour l'amateur, c'est l'unique possibilité de vivre par procuration, mais dans sa chair, le challenge quotidien relevé par un cycliste professionnel sur le Tour. C'est aussi l'occasion de réaliser *in vivo* l'engouement populaire généré par le Tour de France en général et les étapes de montagne en particulier. Retour vers le futur avec cette étape Annemasse–Morzine, qui verra s'affronter les amateurs, six jours avant les pros (14e étape du Tour - 15 juillet 2023).

Les organisateurs proposent, aux pros comme aux amateurs, un menu épicé qu'on peut diviser en deux parties distinctes : une longue approche d'environ 85 kilomètres et un final en forme de feu d'artifice avec le terrible enchaînement des cols de la Ramaz et de Joux Plane sur les 65 derniers kilomètres. Pourtant, si la fin peut apparaître terrible, il ne faut pas occulter la réalité : la première comme la seconde partie additionnent chacune plus ou moins 2 000 mètres de dénivelé ! Tout le challenge est de ne pas arriver trop usé au pied de la Ramaz. Plus facile à dire qu'à faire, sachant que les gros rouleurs vont se faire plaisir dans les premières pentes, entraînant toute la troupe derrière eux, avec la stricte interdiction de se mettre dans le rouge !

Dans le détail, le parcours de l'épreuve relie élégamment les bords du Léman aux Portes du Soleil, *via* les cols du Saxel, de Cou, du Feu, de Jambaz, pour terminer avec le très difficile enchaînement Ramaz - Joux Plane évoqué plus haut. La devise d'Annemasse, « Agir plutôt que parler », semble fort à propos face au challenge à relever !

UNE MISE EN ROUTE PROGRESSIVE

Après une première partie de douze kilomètres permettant de s'extraire de l'agglomération d'Annemasse (90 000 habitants), le parcours arrive à Fillinges, au pied des premiers pourcentages, sur une pente encore roulante jusqu'à l'entrée de la vallée Verte. Cette côte, avec des pourcentages n'excédant pas les 5 % sur un peu plus de quatre kilomètres, annonce le col du Saxel (944 m), qui débute à Boëge et qui épouse lui aussi des pentes à 4-5 % durant 4,5 kilomètres au gré de la traversée de plusieurs hameaux. Si ces routes peu connues incitent à lever

le nez pour apprécier le paysage, beaucoup risquent d'avoir le nez dans le guidon le jour J. *Idem* pour les pros où se jouera probablement ici l'échappée matinale, celle qui berce la sieste de millions de téléspectateurs en juillet, mais qui va rarement au bout... S'ensuit une belle descente, plutôt en forêt dans sa partie haute, mais qui laisse par endroits deviner le bleu du Léman, puis plus ouverte, avec quelques belles épingles qui s'enroulent bien.

À Fessy, après une courte transition, débute le col de Cou (1 116 m), soit sept kilomètres à 7,7 % de pente moyenne, mais avec de sévères rampes à 10 %, au départ comme au final. Fini l'apéritif, on entre dans les choses sérieuses, avec plus de 500 mètres de dénivelé. En fait, on évite de peu le sommet pour plonger directement vers le pied du col de Cou. Six fois déjà dans l'histoire moderne du Tour de France, les coureurs sont passés par ce col, dont la dernière en 1984 et par un autre versant. Après une descente proposant cinq belles épingles plongeant à nouveau dans la vallée du Léman, on enchaîne directement avec le col du Feu. Même ordre de difficulté avec six kilomètres à près de 8 % de moyenne. Le premier kilomètre roulant contraste avec la sévère section à 13 % sur 300 mètres. Aussi irrégulière que celle du col de Cou, cette ascension, parcourue par le Tour pour la première fois, s'inscrit dans le cœur des Bauges avec son paysage verdoyant de pâturages, plantés de chalets où le bois a la part belle. Après 53 kilomètres, à 1117 mètres d'altitude, on bascule vers Lullin par une courte descente ne laissant que peu de temps pour mettre la main à la poche. La suite se joue sur une large route en faux plat menant au col de Jambaz, non comptabilisé, mais qui rajoute quand même près de 250 mètres de dénivelé. Dans la descente rectiligne de près de vingt kilomètres qui suit, mieux vaut rester à l'abri d'un groupe, la faible pente imposant de pédaler, plus encore si le vent se faisait contraire. À Saint-Jeoire-en-Faucigny, l'imposante vue du château de Beauregard marque un changement de direction pour rejoindre Mieussy et... le début de la fin, au propre ou au figuré, selon les réserves de chacun ! Dans ces rues assez étroites, attention au mobilier urbain mais aussi au public et aux animaux de compagnie, surtout si votre groupe est conséquent. Avant l'arrivée à Mieussy, la légère côte de Marignier, classique du Grand prix du Faucigny, permet de tester une dernière fois les jambes...

LES CHOSES SÉRIEUSES...

À la sortie de ce bourg, qui a été un haut lieu français du parapente, on vire à 180° sur la gauche au rond-point pour tout mettre à gauche sur cette pente aux alentours de 8 % sur près de huit kilomètres, à peine entrecoupée par une légère descente après les deux premiers kilomètres. On prend rapidement de l'altitude sur ce versant ensoleillé et verdoyant sans pour autant visualiser le col, à moins de bien regarder en haut à droite et d'apercevoir un paravalanche à même la falaise. Ça n'est toujours pas le col, mais ça laisse présager du futur plus ou moins proche... Les kilomètres s'égrènent sur le même thème jusqu'au hameau de Pégnat-d'en-Haut, où la route franchit un cap en passant à 10 % de moyenne, parfois davantage comme à l'entrée de la vertigineuse traversée de la falaise, au passage d'un aménagement permettant à l'eau de ruissellement de traverser la route. Rapidement, un énorme paravalanche vient apporter de

Premiers tours de roues à la sortie de Samoëns et le terrible écrémage à suivre dans les lacets de Joux Plane.

Cyclosportif

Annemasse - Morzine :
mieux qu'une étape, une épopée !

Chute de Greg LeMond dans la descente technique de Joux Plane. Toujours dans Joux Plane, le maillot jaune Zoetemelk, côte à côte, avec Bernard Thévenet et Raymond Martin (Miko Mercier), qui prendra le maillot à pois au soir de cette étape. Richard Virenque, en feu dans la Ramaz, met au supplice Rolf Aldag avant de s'envoler vers la victoire. Laurent Fignon dans Joux Plane devant Greg LeMond. Ãngel Arroyo, deuxième du Tour 83, seul dans Joux Plane dans cette étape du Tour 84 qu'il remporte.

La descente du col de Feu, avant d'entrer dans Lullin.

l'ombre, puis le tunnel de Sommand annonce la fin prochaine des hostilités. À droite, l'ancienne route (avant 2009) apparaît vertigineuse et, surtout, constellée de cailloux plus ou moins imposants, du moins suffisamment gros pour ne pas avoir envie de les prendre sur le casque ! Long de 300 mètres, le tunnel en paraît bien davantage tant la pente demeure soutenue. Mais après avoir pris pied sur le domaine de la station de ski éponyme, sur les berges d'un étang, la pente s'adoucit autant que le paysage. En hiver, la route s'arrête là pour laisser place à la neige et aux plaisirs de la glisse.

Ce col de la Ramaz aurait dû recevoir quatre fois le Tour de France avant cette année. Mais, en 2016, des éboulements côté Taninges avaient obligé les organisateurs à rogner l'étape Megève – Morzine, *via* les cols des Aravis, de la Colombière et de Joux Plane, qui servait également de support à l'Étape du Tour. Au vu du nombre de cyclos à pied dans Joux Plane, pourtant issus des premiers sas, mieux vaut ne pas imaginer ce que cela aurait été avec les mille mètres difficiles de la Ramaz en plus... Les autres fois, les coureurs ont toujours escaladé ce col par ce versant, que ce soit en 1981, en 2003 avec la célèbre victoire de Richard Virenque à Morzine, ou en 2010. Aura-t-on déjà cette année la grande bagarre entre les favoris sur ces pentes sévères ? Probablement pas, la section de vallée suivante n'étant pas favorable à un homme seul. Mais avec le tempérament fougueux des jeunes coureurs actuels, mieux vaut ne parier sur rien ! Une fois passées les habitations du Sommand, on grimpe tranquillement jusqu'au col, où l'implantation d'une récente retenue collinaire a modifié quelque peu le tracé initial de la route basculant, après quatorze kilomètres et presque 1 000 mètres de dénivelé, vers la station de Praz-de-Lys, qui offre probablement l'un des plus beaux panoramas existants sur le massif du Mont-Blanc.

Pas le temps de s'arrêter pour ceux qui jouent une place comme les pros ! Les autres n'auront pas le choix que de sortir le nez du guidon, quitte à utiliser l'excuse toujours valable de la nécessité d'un ravitaillement pour immortaliser ce paysage. À la sortie de la station, on remonte légèrement pour arriver au col de la Savolière et aborder la descente rapide sur Taninges, sur une route large et pentue. Cinq larges épingles viennent couper la vitesse, jusqu'à se connecter à la route principale reliant Taninges à Morzine *via* le gentil col des Gets, auquel on tourne hélas le dos afin de corser nettement la difficulté

du parcours. En cas de mauvais temps ou de fatigue majeure, voilà néanmoins un bon moyen de rallier l'arrivée en évitant Joux Plane... Il y a dix petits kilomètres pour aller de Taninges à Samoëns, au pied de la dernière difficulté, où il sera bien trop tard pour se ravitailler, sur un profil en très léger faux plat montant.

BOUQUET FINAL

Après avoir pris à gauche dans Samoëns, il ne reste plus qu'à tout donner jusqu'au sommet, soit 11,5 kilomètres pour 1 000 mètres de dénivelé avec une pente moyenne de 8,5 %. Moyenne trompeuse, puisque le départ est plus sévère et qu'un court passage de 250 mètres taquine les 14 % au niveau des dernières fermes. Les épingles s'enchaînent moins vite que prévu et on a le temps de repenser aux grandes heures de ce col, toujours grimpé en montée finale et par ce versant sur le Tour. Depuis 1978, Joux Plane fait chanceler le classement général, chaque défaillance ici se comptant en poignée de minutes. Ce spectacle garanti a incité les organisateurs à l'inscrire au calendrier sans interruption de 1980 à 1984 avec, en 1983, l'incroyable envolée de Jacques Michaud (Mercier), après les cols du Glandon, de la Madeleine, des Aravis et de la Colombière, 220 kilomètres et plus 6 500 mètres de dénivelé dans les pattes (voir notre sujet p. 30) ! Le soleil n'arrangeant rien, les rares fontaines ou points d'eau en bord de route seront à coup sûr pris d'assaut. Et puis, alors que la pente s'aplanit pour longer le lac de Joux Plane, reste encore un peu à pédaler sur le petit plateau pour rejoindre le col de Ranfolly et basculer sur le domaine skiable de Morzine, comme le signale la gare d'arrivée du télésiège de Chamossière. Très tortueuse et peu

large, souvent assez sale, cette descente s'avère technique avec quelques virages qui ferment et peuvent surprendre ceux qui engagent trop. On s'approche des chalets jusqu'à les frôler et prendre le circuit final amenant vers l'office de tourisme et la libération. Finisher, un véritable Graal pour la majorité des cyclotouristes ou sportifs, et une belle victoire de prestige pour le coureur qui lèvera les bras à Morzine, le 15 juillet prochain. Reste surtout un parcours d'exception à réaliser chaque jour, du mois de mai à fin octobre.

Le col de Cou offre une belle vue sur le lac Léman, mais il ne faut pas le négliger avec plusieurs kilomètres difficiles.

Après la bascule du col de la Ramaz, la descente sur la station Praz de Lys-Sommand offre l'un des plus beaux panoramas des Alpes françaises avec la chaîne des Fys et quasiment la totalité des sommets du massif du Mont-Blanc, de l'aiguille Verte aux Grandes Jorasses et de l'Aiguille du Midi au mont Blanc...

Découverte

Cols « secrets » de Haute-Savoie

En Haute-Savoie, il y a les têtes d'affiche, comme le col de Joux Plane et ses homologues de la route des Grandes Alpes, mais aussi des montées plus confidentielles qui, tels des équipiers modèles et autres porteurs de bidons, restent sagement dans l'ombre de leur leader et ne prennent la lumière qu'à de rares occasions. Petit florilège de ces « seconds rôles » qui gagnent pourtant à être connus.

Par Éric Anglade

Ascension du plateau de Solaison lors du Critérium du Dauphiné 2022.

Col de la Ramaz

Armstrong s'y est cassé les dents

Quand on s'appelle Richard Virenque, le col de la Ramaz est un bon marchepied pour monter sur le trône. Après être passé en tête lors du Tour de France 2003, le grimpeur poursuivit son effort, s'imposa à Avoriaz au terme d'une longue échappée de 190 kilomètres et endossa le maillot jaune pour la deuxième fois de sa carrière.

Par contre, quand on s'appelle Lance Armstrong, le col de la Ramaz est plutôt du genre à vous pousser symboliquement dans la tombe. En raison d'une première alerte dans la montée de Joux Plane en 2000, puis d'une nouvelle défaillance dans la montée de la Ramaz en 2010, certains spécialistes commencèrent à se moquer gentiment en prétendant que le triangle des Bermudes du Texan se trouvait, non pas dans les Caraïbes, mais dans la vallée du Giffre, quelque part entre les villages de Mieussy, Samoëns et Morzine... En 2010, le verdict en tout cas fut sans appel : Armstrong termina l'étape à la 61e place, 11' 45" derrière le vainqueur du jour Andy Schleck. « *Mon Tour est fini... Maintenant, je vais m'accrocher et apprécier.* »

Durant les sept premiers kilomètres, vous grimpez avec un petit sourire aux lèvres, pas du tout impressionné par sa pente à 6,5 % de moyenne. « *Ça va le faire* », pensez-vous tout haut à l'approche de la forêt.

Si cette bérézina a beaucoup fait pour accroître la notoriété de la Ramaz, cela est amplement mérité, car ce col n'est pas un faiseur de rois ou un fossoyeur de champions par hasard. Dès la sortie de Mieussy, il retient ses coups. Durant les sept premiers kilomètres, vous grimpez avec un petit sourire aux lèvres, pas du tout impressionné par sa pente à 6,5 % de moyenne. « *Ça va le faire* », pensez-vous tout haut à l'approche de la forêt. Mais restez sur vos gardes, car c'est justement à cet endroit que la route se redresse pour s'élever de 9,1 % en moyenne sur les trois prochains kilomètres. Lance Armstrong se souvient sans doute de ce passage extrêmement raide où, contre toute attente, il commença à montrer quelques signes de faiblesse. Chemin faisant, la route emprunte un long tunnel, dont l'ouverture en 2009 permit d'éviter un tracé sinueux qui passait à flanc de falaise, puis elle débouche dans un grand cirque, où chaque hiver la station de Praz de Lys-Sommand permet de s'adonner aux plaisirs de la glisse sur 55 kilomètres de pistes. À ce stade de l'ascension, le plus dur est fait, même s'il vous faut encore parcourir 3,5 kilomètres à 5,6 % de moyenne avant de mettre pied à terre au sommet.

La récompense est de taille puisqu'on se retrouve alors face à un enchevêtrement de sommets, d'aiguilles et d'arêtes, parmi lesquels l'incontournable mont Blanc et la majestueuse aiguille Verte. Ne vous y trompez pas, c'est sans doute l'un des plus beaux belvédères auquel on puisse accéder à vélo de route dans les Alpes françaises, mais je doute que les coureurs du Tour de France voient les choses sous cet angle quand ils y passeront de nouveau cet été à l'occasion d'une étape Annemasse – Morzine-Les Portes du Soleil.

Pratique
Altitude : 1 608 m
Départ : Mieussy (635 m)
Longueur : 14 km
Dénivelé : 980 m
% moyen : 7 %
% maximum : 12 %

Le col de la Ramaz débute dans un cadre champêtre avant une partie plus difficile à flanc de falaise, même si un tunnel permet aujourd'hui d'éviter la partie la plus acrobatique.

Col de la Forclaz

Mollets sensibles s'abstenir

Perché sur les hauteurs du lac d'Annecy, le col de la Forclaz est un endroit très prisé des Annéciens et des touristes, comme en témoignent aux beaux jours les longues files de voitures maladroitement garées sur le bord de la route. C'est également un haut lieu du vol libre, où l'on peut admirer une kyrielle de parapentes et une poignée de deltaplanes virevolter dans le ciel, du lever jusqu'au coucher du soleil.

Sur le papier, c'est une montée qui n'a rien d'extraordinaire avec ses neuf kilomètres à 7,6 % de moyenne, mais ces chiffres sont trompeurs car, aux alentours de Montmin, un replat et une descente font chuter la moyenne de la pente.

Si tout ce petit monde rejoint généralement le col depuis Annecy en s'élevant de 6,5 % en moyenne durant 10,2 kilomètres, il est également possible de s'élancer du village de Vesonne et de rallier le sommet par une route extrêmement difficile que le Tour de France a escaladée à seulement trois reprises depuis 1959. Sur le papier, c'est une montée qui n'a rien d'extraordinaire avec ses neuf kilomètres à 7,6 % de moyenne, mais ces chiffres sont trompeurs car, aux alentours de Montmin, un replat et une descente font chuter la moyenne de la pente.
Saluons les pouvoirs publics d'avoir aménagé, sur l'ancien tracé d'une ligne de chemin de fer, une piste cyclable de 36 kilomètres qui permet de rallier Vesonne sans se joindre au trafic. Remercions également Paul de Vivie d'avoir mis au point le dérailleur car, dès la sortie du village, c'est tout à gauche le temps de franchir un terrible passage de 2,8 kilomètres à 9,7 % de moyenne. La route s'enfonce alors entre les arbres et rejoint le pont des Outellières, où la pente s'abaisse pour atteindre les 3,2 % de moyenne durant 600 mètres.
Pour autant, ne vous réjouissez pas trop vite : cette montée a pavé l'enfer de bonnes intentions comme l'attestent les deux prochains kilomètres à 10,8 % de moyenne. Chemin faisant, la forêt s'éloigne et l'ascension se poursuit dans un superbe paysage, dominé par l'impressionnante pointe de la Beccaz qui, du haut de ses 2 041 m, appelle les alpinistes à venir se mesurer à sa longue et aérienne course d'arête calcaire. Plus bas, quelques virages et lacets négociés au milieu des prés permettent de rejoindre le hameau de La Perrière, puis le village de Montmin, où une succession de faux plats et de descentes fait du bien au moral et aux jambes. Un dernier kilomètre, bien tassé et bien sec avec sa pente à 10,5 % de moyenne, et vous voilà enfin au col de la Forclaz à une altitude de 1 150 m, juste au-dessus du lac que veillent les sommets des Bauges et des Bornes tels des guetteurs immobiles.
Si certains regretteront à juste titre l'urbanisation galopante bien visible depuis le col, la magie du paysage opère encore, comme au XIXe siècle, quand le poète Albert Samain écrivait : « *Impossible d'imaginer un coin de terre où tout ce qui fait la joie du regard – la douceur du temps, la pureté de l'air, la limpidité de l'eau, la beauté de l'horizon – se trouve réuni dans les conditions les plus heureuses. Certains paysages sont si complets à cet égard qu'ils semblent même faits exprès.* »

Pratique
Altitude : 1 150 m
Départ : croisement entre la D 1508 et la D 42 à l'entrée de Vesonne (480 m)
Longueur : 9 km
Dénivelé : 682 m
% moyen : 7,6 %
% maximum : 14 %

Federico Bahamontes, l'aigle de Tolède et aujourd'hui le plus âgé des vainqueurs du Tour de France, met à mal Jacques Anquetil dans le col de la Forclaz lors d'une étape entre Val d'Isère et Chamonix en 1963, que le Normand gagnera cependant.

GENDARMERIE
St Raphaël

Mont Salève

La muraille des Genevois

Sur les flancs du Salève, abondance de biens ne nuit pas, puisque l'on peut gravir ce sommet aux multiples facettes depuis Collonges-sous-Salève, Monnetier-Mornex, la Muraz et Cruseilles. De toutes ces montées, celle du versant ouest reste ma préférée, car c'est la plus raide et la plus célèbre, le Tour de France s'y étant aventuré à quatre reprises depuis 1973.
Si Collonges-sous-Salève a du mal à se faire oublier durant les trois premiers kilomètres à 6,2 % de moyenne, les derniers lotissements disparaissent bientôt pour céder la place à une importante couverture forestière, ponctuée çà et là de timides clairières. C'est d'ailleurs à l'occasion d'une trouée entre les arbres que l'on peut admirer une impressionnante falaise en contrebas de la gorge de la Varappe où est née, à la fin du XIXe siècle, l'escalade moderne.
Une fois au hameau du Coin, la pente se relâche brièvement durant deux cents mètres. Ce passage débonnaire est à l'image du calme qui précède la tempête, car la route rejoint ensuite le col de la Croisette, en s'élevant de 11,3 % en moyenne durant 4,5 kilomètres ! Si le premier kilomètre à 7,4 % est une formalité, les choses se compliquent quand le GPS affiche des portions à 14 % de moyenne. Avec pour seul horizon le goudron et les arbres, la montée se poursuit au rythme des panneaux plantés tous les kilomètres, piqûres de rappel presque insolentes qui indiquent au cycliste déconfit l'altitude, la distance et la pente. Heureusement, le col ne tarde pas à apparaître au milieu des habitations du hameau de La Croisette où certains seront surpris de trouver un petit téléski, toujours en service, mais dont le fonctionnement est soumis aux bonnes volontés et aux aléas climatiques.
Pour sortir en tête d'un tel raidard, il fallait un grimpeur de la trempe de Luis Ocaña lorsque le Tour de France aborda ce versant ouest pour la première fois de son histoire le 8 juillet 1973. Ce jour-là, l'Espagnol attendit les pentes du Salève pour commencer son travail de sape qui allait écœurer la fine fleur du cyclisme mondial et lui permettre de remporter haut la main le classement général. Ce versant a également été escaladé par le Critérium du Dauphiné, avec une mention particulière pour l'édition de 1976, quand le service d'ordre fut obligé de mettre au fossé plusieurs dizaines de véhicules afin de permettre aux coureurs de se frayer un passage au beau milieu de la foule !
Une fois au col de la Croisette, vous pouvez rejoindre le belvédère des Alpes (1 295 m) ou le col des Pitons (1 335 m), mais sachez que la route des crêtes est superbe d'un côté comme de l'autre. Devant ce paysage, on comprend mieux pourquoi Horace Bénédict de Saussure aimait se rendre sur cette montagne pour s'y adonner à la cueillette en se laissant gagner peu à peu par l'appel des neiges éternelles. Deux siècles plus tard, la magie opère encore grâce à un magnifique foisonnement de montagnes avec, comme point d'orgue, le toit de l'Europe.

Devant ce paysage, on comprend mieux pourquoi Horace Bénédict de Saussure aimait se rendre sur cette montagne pour s'y adonner à la cueillette en se laissant gagner peu à peu par l'appel des neiges éternelles.

Pratique
Altitude : 1 335 m (pour le col des Pitons)
Départ : Collonges-sous-Salève / Le Bas de Collonges (480 m)
Longueur : 12 km
Dénivelé : 856 m
% moyen : 7,1 %
% maximum : 16 %

Le Salève, ça grimpe, mais moins que sur la falaise qui a fait partie des lieux à l'origine de l'escalade libre.

Col de la Joux Verte
Une montée hors des sentiers battus

À l'image de son voisin de la Ramaz, le col de la Joux Verte ne jouit pas d'une très grande notoriété en dehors du Chablais. Avec ses 12,5 kilomètres à 6,4 % de moyenne, son versant sud a pourtant été gravi à sept reprises par le Tour de France mais, comme la montée se terminait à Avoriaz, les coureurs continuèrent à fendre la foule sur deux kilomètres et personne ne prêta attention au panneau indiquant la présence du col de la Joux Verte à une altitude de 1 760 mètres.
Plus confidentiel, le versant nord s'est retrouvé sur le devant de la scène en 1981, lorsque les coureurs du Tour de France se rendirent de Thonon-les-Bains à Morzine. Après s'être élevé de 6 % en moyenne durant 14,5 kilomètres, Robert Alban fut le premier à se présenter au sommet avant de remporter cette étape redoutable, au cours de laquelle le mont Salève, le col de la Ramaz et le col de Joux Plane figuraient également au programme.
Personnellement, j'ai une préférence pour ce versant nord, car sa route est beaucoup moins fréquentée. J'y mets néanmoins un bémol : une grande partie de la montée se déroule en forêt, alors que sur le versant sud, la vue est beaucoup plus dégagée.

Une fois à Montriond, les choses se tassent et on s'enfonce dans une vallée étroite où se niche un très beau lac de montagne, dont les eaux vertes regorgent d'ombles, de vairons et de truites.

En outre, la route nord présente des portions beaucoup plus raides, à l'instar de cette entame de 600 mètres à 8,8 % de moyenne. Une fois à Montriond, les choses se tassent et on s'enfonce dans une vallée étroite où se niche un très beau lac de montagne, dont les eaux vertes regorgent d'ombles, de vairons et de truites. Le rejoindre ne pose aucun problème, dans la mesure où il faut parcourir 2,5 kilomètres sur une pente faisant seulement 5,1 % de moyenne. Le contempler, par contre, est une autre affaire, car le vallon est recouvert par une épaisse couverture forestière !

Encore 3,2 kilomètres à 3,9 % de moyenne et les choses sérieuses commencent au hameau d'Ardent, quand la route se redresse pour s'élever de 9,2 % en moyenne sur les trois prochains kilomètres. Cette partie est la plus difficile, mais aussi la plus belle. Elle chemine joliment entre les arbres, sur une petite route de montagne calme, sinueuse et étroite, en traversant quelques clairières où sont venues se nicher plusieurs granges élégamment rénovées. Passé le hameau des Lindarets et ses célèbres chèvres qui déambulent librement entre les maisons en perpétuant le folklore local, la route se relâche et débouche sur un petit plateau où plusieurs télésièges attendent avec impatience les premières chutes de neige. Puis, ce sont de nouveau les épicéas, les mousses et les lichens, avant de déboucher au col de la Joux Verte après un dernier passage de 4,7 kilomètres à 6,2 % de moyenne.
Soyons honnêtes : cet endroit n'est pas de ceux où l'on s'attarde, mais peu importe car le temps presse. Ici, il y a toujours une autre montée à faire, à commencer par ce petit col de Joux Plane et ses 10,7 kilomètres à 7 % de moyenne dont vous me direz des nouvelles !

Pratique
Altitude : 1 760 m
Départ : croisement entre la D 902
et la D 229 à l'entrée de Montriond (886 m)
Longueur : 14,5 km
Dénivelé : 874 m
% moyen : 6 %
% maximum : 15 %

Joux Verte, moins difficile et connu que Joux Plane, possède pourtant un noble historique en course.

Plateau de Solaison

À quand le Tour ?

Situé dans le massif des Bornes, au-dessus de Bonneville, le plateau de Solaison a des mensurations à faire pâlir un maillot vert avec ses 12,4 kilomètres à 8,5 % de moyenne. Pas de quoi susciter un élan d'enthousiasme chez Arnaud Démare, mais largement assez pour séduire un jeune loup de la montagne comme Jonas Vingegaard. Vous l'aurez compris, cette montée ne se laisse pas facilement conquérir et n'hésite pas à glisser sous les roues de ses prétendants une volée de pourcentages à deux chiffres, au point d'avoir été classée hors catégorie lorsque le Critérium du Dauphiné l'a empruntée pour la première fois en 2017.

Situé dans le massif des Bornes, au-dessus de Bonneville, le plateau de Solaison a des mensurations à faire pâlir un maillot vert avec ses 12,4 kilomètres à 8,5 % de moyenne.

Si vous êtes à court de forme, faites donc marche arrière lorsque vous arrivez au village de Thuet. Cela vous évitera de nourrir quelques regrets alors que vous suerez sang et eau durant les cinq premiers kilomètres à 9,9 % de moyenne. Difficile de négocier cette entame d'une seule traite sans mettre, ne serait-ce qu'une seule fois, pied à terre et impossible de reporter son attention sur le paysage, car les points de vue se font malheureusement rares. Seul un passage au bord du vide vous permettra d'apercevoir quelques sommets du Chablais et du Giffre.

À l'approche de Brizon, la route s'abaisse et devient beaucoup plus versatile, à tel point que vous aurez peut-être du mal à trouver le bon rythme. La moyenne de la pente peut très bien dégringoler à 2 % pour remonter à 10 % en l'espace de cent mètres. Mais cela n'empêche pas les six prochains kilomètres de s'afficher à 8,2 % de moyenne. Heureusement, la route progresse sur un versant moins boisé, où il est plaisant de ne plus cheminer à couvert et de sentir éventuellement sur son corps la morsure du soleil. Cette partie laissera donc un meilleur souvenir à beaucoup de cyclistes, surtout à l'approche du sommet, quand la route débouche sur le vaste plateau de Solaison, où s'anime chaque hiver une petite station de ski de fond.

Encore 900 mètres à 1,9 % de moyenne et c'en est terminé de cette terrible montée que le Critérium du Dauphiné a fait connaître en 2017, bien aidé par Jakob Fuglsang qui eut la bonne idée de placer une attaque tranchante à cinq kilomètres du sommet. Alors qu'il accusait au classement général un retard de 1' 15" sur le leader Richie Porte, le Danois profita des bonifications accordées au vainqueur pour inscrire son nom au palmarès de l'épreuve. En 2022, les coureurs du Critérium du Dauphiné affrontèrent de nouveau cette montée extrêmement raide, à l'occasion d'une ultime étape Albertville – Solaison de 115 kilomètres. L'équipe Jumbo-Visma ne fit pas dans le détail puisque la victoire revint à Jonas Vingegaard, tandis que son équipier Primož Roglič s'adjugeait le classement général. Ah, si seulement ces quelques lignes pouvaient donner au directeur du Tour de France, Christian Prudhomme, l'envie d'y lancer à l'avenir ses coureurs...

Pratique

Altitude : 1 510 m
Départ : Thuet (460 m)
Longueur : 12,4 km
Dénivelé : 1 050 m
% moyen : 8,5 %
% maximum : 14 %

Le plateau de Solaison souffre de ne pas être un col. Pourtant, il s'agit d'une montée exigeante, mise en lumière par le Critérium du Dauphiné lorsque l'Australien Richie Porte perdit la course au profit du Danois Jakob Fuglsang.

Mémoire

Plateau des Glières : du lent, de la sueur et des larmes

Ancienne poche de la Résistance durant la Seconde Guerre mondiale, le plateau des Glières est un site naturel très prisé, où les durs au mal viennent se mesurer à deux des montées les plus raides des Alpes. Chose étonnante, le Tour de France ne s'y est intéressé qu'en 2018, mais ce sommet chargé d'histoire pourrait très bien devenir un classique à l'avenir.

Par Éric Anglade

Chalet incendié aux alentours du plateau des Glières selon la politique de la terre brûlée…

Quelques jours après le 14 juillet 2018, le peloton du Tour traverse le plateau des Glières que Nicolas Sarkozy avait remis en lumière en s'y rendant plusieurs fois pour rendre hommage aux Résistants.

Mémoire

Plateau des Glières : du lent, de la sueur et des larmes

Est-ce parce que le plateau des Glières est un lieu de mémoire où s'est écrite l'une des pages les plus sombres de la Résistance dans les Alpes que le Tour de France ne s'y est aventuré que sur le tard ? Située dans le massif des Bornes, cette montagne a en effet été le théâtre d'affrontements très violents entre les maquisards et les soldats de la Wehrmacht en mars 1944. C'est d'ailleurs pour rendre hommage aux 465 résistants du maquis des Glières, dont 129 périrent au cours de cette bataille, que fut construit sur le plateau un monument national de la Résistance inauguré par André Malraux le 2 septembre 1973.
Cette forteresse naturelle cochait toutes les cases, lorsque les résistants de la Haute-Savoie se mirent à la recherche d'une plateforme de largage pour assurer le ravitaillement en armes et permettre à environ 2 000 hommes de mener d'éventuelles représailles contre les troupes de Vichy et du Reich. Non seulement le plateau était difficile d'accès (les deux routes qui le desservent aujourd'hui n'existaient pas encore), mais la proximité du lac d'Annecy facilitait aussi le repérage des avions de la Royal Air Force. Un premier parachutage fut d'ailleurs effectué avec succès dans la nuit du 13 au 14 février 1944. Sentant la menace grandir, les autorités de Vichy décidèrent d'assiéger le plateau en déployant un important dispositif policier, mais cela n'empêcha pas les Alliés d'effectuer deux autres parachutages qui permirent aux maquisards de récupérer 90 tonnes de matériel au total.
La réaction allemande ne se fit pas attendre et, le 26 mars 1944, trois bataillons de la 157e division de la Wehrmacht furent lancés à l'assaut de la montagne pour mettre au pas cette poignée d'irréductibles qui osaient faire flotter sur le plateau des Glières le drapeau de la France Libre. Inférieurs en nombre et moins bien armés, les maquisards durent finalement se résoudre à battre en retraite, mais tous ne réussirent pas à rejoindre sains et saufs la vallée. Sur les 210 résistants capturés, une centaine furent fusillés, certains après avoir été torturés.
Faire passer une étape du Tour de France avec tout le barnum logistique et l'esprit festif que cela implique, là où « *des hommes ont su mourir pour demeurer des hommes* », est une entreprise difficile. C'est peut-être pour cette raison que les organisateurs ont attendu 2018 pour cocher le plateau des Glières sur leur liste. Avant les années 1970, la question ne se posait même pas, puisque la première route à desservir le plateau au départ de Nant Sec ne fut ouverte à la circulation qu'en 1967.

Côté ouest, le départ est donné à Thorens-Glières sur un pont qui enjambe le torrent de la Fillière. Huit cents mètres à 4,4 % de moyenne permettent de rejoindre tranquillement le village et de pénétrer dans une vallée étroite, à l'entrée de laquelle le château de Thorens monte la garde. Dissimulée en grande partie derrière les arbres, cette imposante bâtisse fut construite au XIe siècle et devint une place forte placée sous l'autorité du comté de Genève. Au fil du temps, le château subit de nombreux remaniements et appartint à plusieurs seigneuries avant de passer, à l'aube du XVIIe siècle, aux mains de la famille de Salles dont il dépend encore aujourd'hui.
Le temps d'entre-apercevoir quelques tours du château et la route continue de grimper paisiblement jusqu'à Nant Sec sur une pente faisant seulement 2,5 % de moyenne durant 4,4 kilomètres. Chemin faisant, elle traverse quelques hameaux qui viennent agrémenter cette vallée encaissée, dont le fond est parsemé de prés et dont les versants abrupts sont tapissés de forêts. Attention, cependant, à ne pas partir bille en tête car, dès la sortie de Nant Sec, il faut s'élever de 9,1 % en moyenne durant 6,8 kilomètres...
Ce bras de fer avec la pente se termine aux alentours du douzième kilomètre, quand la route franchit le col de Collet et entame une brève descente à l'entrée du plateau des Glières. C'est l'occasion de souffler un peu avant de parcourir les derniers kilomètres dans un paysage plus ouvert, où la forêt cède peu à peu le pas à de grandes clairières. Petites touches de vert clair dans un océan de vert foncé, ces dernières abritent quelques chalets d'alpage dont les toits ne sont malheureusement pas recouverts de tavaillons, mais de tôles ondulées. Un dernier effort pour venir à bout d'un passage de 800 mètres à 7,1 % de moyenne et la pente s'abaisse finalement à 3 % de moyenne durant 1,2 kilomètre, le temps de rejoindre facilement le parking des Glières qui se trouve à une altitude de 1 440 m.
Si la combe alentour donne au paysage un caractère étonnement jurassien, le reste du décor est bien ancré dans les Alpes, à l'image du pic de Jallouvre dont l'impressionnante silhouette se dessine juste en face. À proximité du parking se trouve le monument national de la Résistance, commandé par les rescapés des Glières au sculpteur français Émile Gilioli. Au cœur de cet édifice déroutant se trouve une petite salle ouverte au public où est inscrite la devise du maquis, à savoir : « *Vivre libre ou mourir* ».
Côté est, la route des Glières est apparue sur le devant de la scène en 2018, lorsque le Tour de France s'y est aventuré pour la première fois à l'occasion d'une étape Annecy – Le Grand-Bornand de 159 kilomètres. Cette montée fit beaucoup parler d'elle, en raison d'un final digne de l'entre-deux-guerres sur une piste non revêtue longue de 1,8 kilomètre. Que l'on demande à des coureurs professionnels de faire un peu de Gravel semblait totalement échapper au commun des mortels et, pourtant, ce retour aux sources était parfaitement assumé par Thierry Gouvenou, le directeur de course qui travaille notamment sur la conception du parcours. « *Cette volonté existait depuis longtemps au niveau local, pouvait-on ainsi lire dans un article du journal* Ouest-France. *Disons depuis sept, huit ans.*

Le Général de Gaulle visite la Nécropole nationale des Glières, à Morette, en novembre 1944, accompagné de André Diethelm ministre de la Guerre. Groupe de résistants du plateau des Glières arrêtés par la milice. Tombes de maquisards fusillés par les Allemands en mars 1944. Les soldats de la 157e division de la Wehrmacht sur le plateau, lors de l'opération visant à nettoyer ce bastion de résistants. Les mitrailleuses en poste pour faire la nasse autour du plateau des Glières.

Plateau des Glières :
du lent, de la sueur et des larmes

Le Tour a mis en lumière cette route improbable, très exigeante côté Petit-Bornand.

Faire passer une étape du Tour de France avec tout le barnum logistique et l'esprit festif que cela implique, là où *« des hommes ont su mourir pour demeurer des hommes »*, est une entreprise difficile.

Cette année, l'occasion de l'intégrer dans une étape s'est présentée. Et j'ai choisi d'y aller. C'est typiquement un endroit qui s'inscrit dans le Tour de France. C'est sportif. Très esthétique. C'est historique. Tout ce qui fait la richesse du Tour. »

Tout le monde attendait donc avec impatience cette fameuse étape du plateau des Glières et tout le monde, finalement, dut admettre qu'une portion de route non goudronnée n'avait plus rien d'exceptionnel au temps des Strade Bianche et du col du Finestre. Si Julian Alaphilippe fut le premier coureur à rallier le sommet, le gros des troupes se présenta juste derrière, en laissant dans son sillage un nuage de poussière comme on n'en avait plus vu depuis Géminiani et Bobet. Sans doute étaient-ils soulagés d'en avoir terminé avec cette route dont la mauvaise réputation est, d'après Bernard Thévenet, parfaitement méritée : « *Je ne connais pas beaucoup de montées dont la pente est aussi dure pendant aussi longtemps. Ça doit monter à 10 % en moyenne, pendant 6,5 kilomètres. Sur les cols, il y a des pentes à 10 %, mais sur 100 mètres ou 200 mètres avec des répits. Ici, il n'y en a jamais.* »

Les organisateurs du Tour de France ayant été confortés par ce coup d'essai, ils réitérèrent l'expérience en 2020, à l'occasion d'une étape Méribel – La Roche-sur-Foron de 168 kilomètres. Orpheline de son leader Egan Bernal, l'équipe Ineos profita de cette dernière étape de montagne pour ouvrir son compteur de victoires et de la plus belles des manières, puisque ses coureurs Michal Kwiatkowski et Richard Carapaz distancèrent finalement leur dernier adversaire à quelques kilomètres du sommet.

Si vous êtes un tantinet masochiste, vous trouverez votre plaisir à Glières-Val-de-Borne et n'aurez pas beaucoup à attendre car les choses sérieuses commencent au bout de 600 mètres avec un premier passage de 1,4 kilomètre à 8,6 % de moyenne. C'est dur et pourtant si facile en comparaison des 2,9 kilomètres à 11,9 % de moyenne qui vont suivre. Du point de vue du paysage, il n'y a pas grand-chose à voir. L'ascension se déroule presque entièrement en forêt, cette dernière ne cédant la place aux pâturages qu'une fois arrivée à proximité du sommet. Quelques passages à flanc de falaise apportent néanmoins un peu de gris et de blanc au fil de cette montée que certains ne manqueront pas de trouver monotone, sauf s'ils ont la chance de s'y aventurer en automne quand les feuillages virent au rouge, au marron et au jaune. Contre toute attente, la route s'autorise une petite parenthèse de trois cents mètres à 3,3 % de moyenne aux alentours du cinquième kilomètre, juste au moment où les premiers prés apparaissent. Cependant, il suffit de jeter un coup d'œil sur la rampe qui se dresse au loin pour comprendre que la montée des Glières a gardé le meilleur, ou le pire, pour la fin. En effet, le final est dantesque avec un dernier passage de 1,6 kilomètre à 12,9 % de moyenne, mais heureusement la piste se contente ensuite d'une pente à 2,5 % de moyenne. Dans un article rédigé par Christian Lecomte pour le journal *Le Temps*, un cycliste amateur a trouvé les mots justes pour résumer cette montée extrêmement raide, où le fer n'a laissé au velours que des miettes : « *C'est du hors catégorie, c'est une torture. Ça tourne et on a l'impression dans les virages qu'on va rouler en arrière.* » À bon entendeur.

Versant est

Altitude : 1 440 m
Départ : croisement entre la D 12 et la route des Glières (724 m)
Longueur : 8,6 km
Dénivelé : 724 m
% moyen : 8,4 %
% maximum : 20 %

Versant ouest

Altitude : 1 440 m
Départ : pont du Vuaz à Thorens-Glières (520 m)
Longueur : 14,5 km
Dénivelé : 862 m
% moyen : 5,9 %
% maximum : 14 %

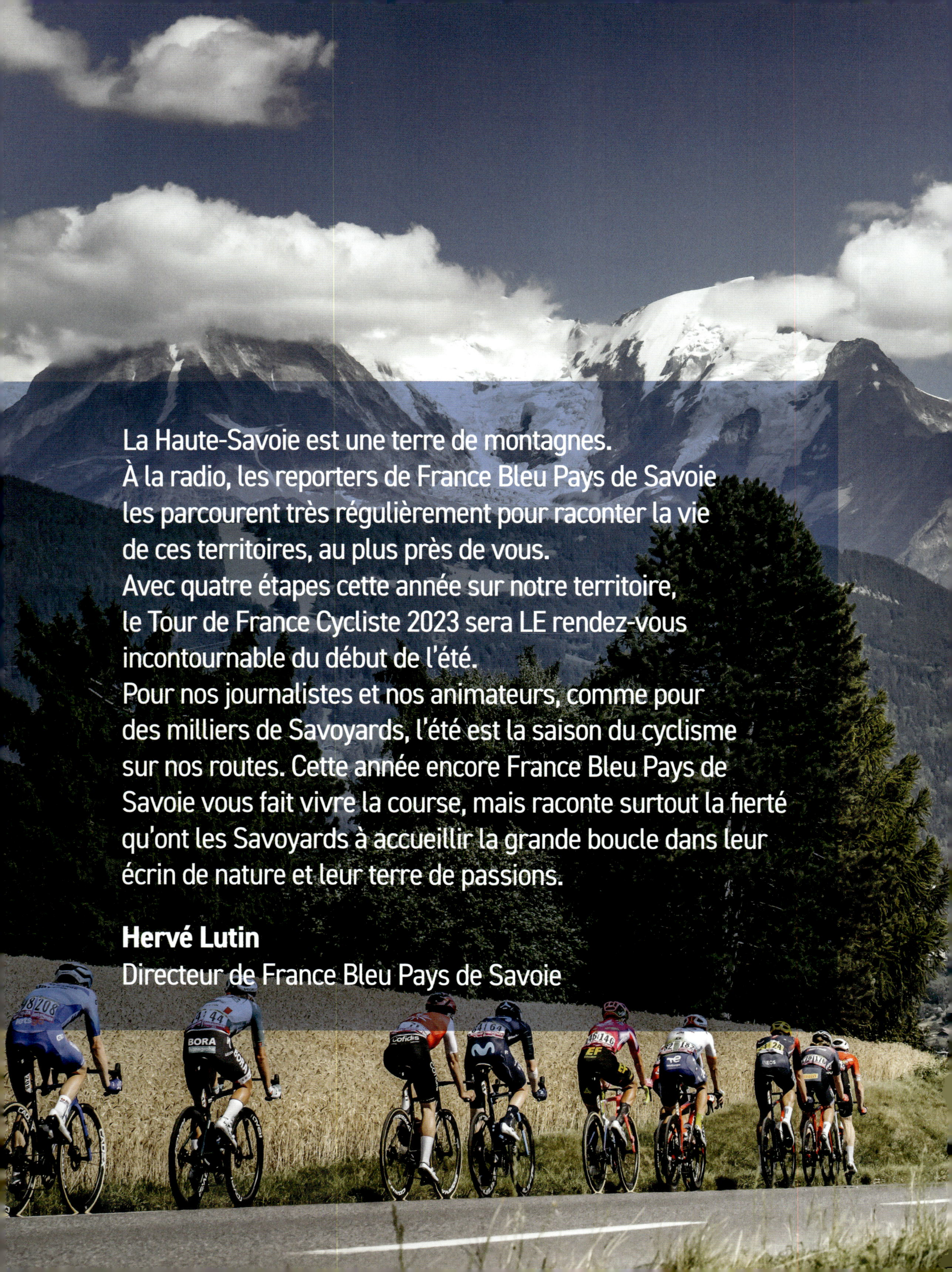

La Haute-Savoie est une terre de montagnes.
À la radio, les reporters de France Bleu Pays de Savoie les parcourent très régulièrement pour raconter la vie de ces territoires, au plus près de vous.
Avec quatre étapes cette année sur notre territoire, le Tour de France Cycliste 2023 sera LE rendez-vous incontournable du début de l'été.
Pour nos journalistes et nos animateurs, comme pour des milliers de Savoyards, l'été est la saison du cyclisme sur nos routes. Cette année encore France Bleu Pays de Savoie vous fait vivre la course, mais raconte surtout la fierté qu'ont les Savoyards à accueillir la grande boucle dans leur écrin de nature et leur terre de passions.

Hervé Lutin
Directeur de France Bleu Pays de Savoie

35 ANS
QU'ON ROULE
POUR VOUS.
SANS RATER UN VIRAGE.
TOUR de France
france bleu
RADIO OFFICIELLE
france bleu
pays de savoie
ICI, ON PARLE D'ICI.

Portrait

Aurélien Paret-Peintre, le vélo dans les veines

Biberonné au cyclisme dès son plus jeune âge, Aurélien Paret-Peintre, vainqueur en mai dernier d'une étape du Giro d'Italia, a naturellement trouvé son épanouissement au sein du peloton. De ses premiers tours de roue à Annemasse à son éclosion au plus haut niveau sous les couleurs d'AG2R Citroën, le grimpeur haut-savoyard cultive une passion intacte pour le sport qu'il chérit intensément.

Par Valentin Jacquemet

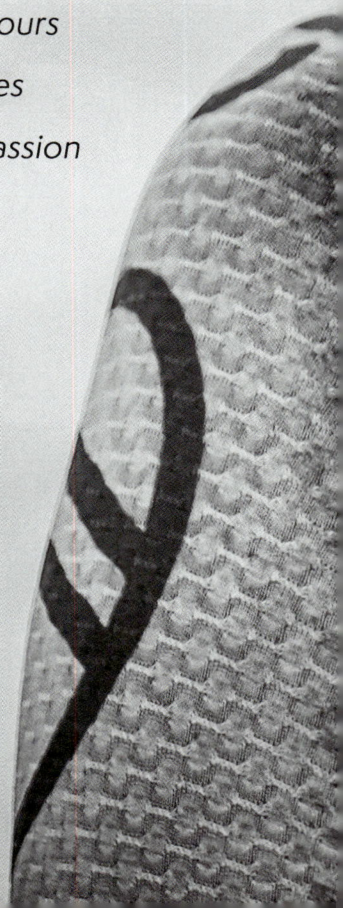

Souvenir de Paris-Roubaix : manger la poussière ?

HJC

L'anecdote illumine son visage d'un immense sourire. Aurélien Paret-Peintre a beau la raconter pour la énième fois, il aime ce qu'elle représente, car elle le renvoie à son histoire. À celle qu'il continue d'écrire avec la même passion, vingt-sept ans plus tard. « *Il y a une photo dans l'album de famille qui est le symbole parfait de la place du vélo dans ma vie. Elle a été prise en mars 1996 au départ d'Annemasse-Bellegarde* [une des plus grandes courses amateurs en France, NDLR], *juste devant l'appartement familial. Je n'avais qu'un mois, j'étais dans ma poussette sur le parking des équipes et j'avais déjà les yeux émerveillés quand on faisait tourner les roues au-dessus de moi. Je crois que je n'aurais pas pu faire autre chose que du vélo dans la vie, sourit-il. Mes parents disent souvent que dès que j'ai su marcher, j'ai su faire du vélo.* »

Comme un célèbre Gaulois résistant encore et toujours à l'envahisseur, le Haut-Savoyard, qui fait désormais les belles heures de l'équipe AG2R Citroën, est tombé dans la marmite quand il était petit. Un père longtemps dirigeant du club d'Annemasse et un grand-père maternel n'hésitant pas à l'embarquer à l'arrière de sa voiture pour partager la ferveur des courses sur le bord des routes, lui filent l'amour de la petite reine. « *J'ai toujours été un privilégié dans ce domaine. Je n'allais pas voir passer uniquement le Tour de France, la passion familiale me baladait sur pas mal d'autres épreuves, parfois dans le sud de la France. J'aimais cette atmosphère. J'avais envie moi aussi de faire partie du peloton.* »

Ses six bougies à peine soufflées, il griffonne sa première licence sous les couleurs du vélo-club Cluses-Scionzier. Sa frêle carcasse n'est pas encore son plus grand atout, mais le plaisir de rouler avec ses copains sur son Motobécane gris est déjà immense. « *Au début, les courses étaient vraiment synonymes de galère, rembobine-t-il. J'étais tout gringalet et, avec les braquets limités, je n'étais vraiment pas le meilleur de ma catégorie. Mais je n'ai jamais baissé les bras.* »

Les premiers bouquets viennent fleurir la maison familiale quelques années plus tard, à mesure qu'il enquille les succès dans les pelotons cadets. Entre-temps, le petit frère Valentin et la petite sœur Maéva ont également chopé le virus et les week-ends sont rythmés par les courses des trois bambins aux quatre coins d'une Haute-Savoie traversée à bord du Renault Trafic. « *C'était notre bus à nous. On avait un porte-vélo à l'arrière, les sièges étaient disposés en mode salon pour que l'on puisse se changer dedans. C'était quelque chose de fou pour nous. C'était comme les pros !* »

L'ÂME D'UN GRIMPEUR

L'amour des cimes naît à la même époque. Un coup de foudre. Une évidence. L'ascension du mont Salève devient alors son terrain de jeu préféré. « *C'était mon rituel, le mardi, après le collège. Je rentrais, j'enfilais mon cuissard après avoir goûté et je partais grimper. Le mercredi, c'était pareil. Je connaissais la route par cœur, retrace-t-il. Je me suis toujours senti bien en montagne. Et cette sensation ne m'a jamais quitté. Quand je grimpe un col, je souffre mais je me sens privilégié. Je me sens libre, en fait.* »

Amoureux de son territoire, il en connaît chaque route. « *Si je devais tracer un parcours de rêve en Haute-Savoie, il épouserait beaucoup les lignes de l'Étape du Tour de France entre Annemasse et Morzine avec un départ à la maison pour aller explorer les rives du lac Léman, puis grimper dans la vallée Verte, souffrir dans les gros pourcentages des cols de la Ramaz et de Joux Plane, des routes mythiques. L'autre parcours serait d'aller grimper le col de*

Les heures d'entraînement en équipe à faire du foncier, en montagne évidemment !

HJC
AG2R LA MONDIALE
CITROËN
BMC

Dans la difficile Étape du Tour de France 2021 entre Oyonnax et le Grand-Bornand, Aurélien Paret-Peintre démontre tout son talent en finissant septième, devant Guillaume Martin et Jonas Vingegaard.

la Colombière ou profiter des charmes du bord du lac d'Annecy. Ce panorama de carte postale fait toujours son effet. »

Son compagnon d'aventure depuis le centre de formation à Chambéry, Benoît Cosnefroy, un des meilleurs coureurs français, vainqueur notamment du Grand Prix de Québec en 2023, acquiesce. « *On sent qu'il est dans son élément lorsqu'il grimpe un col. C'est à ce moment-là qu'il est le moins bougon, se marre le puncheur tricolore. Quand on était ensemble au CCF, il nous parlait souvent de ses souvenirs quand il était plus jeune et allait découvrir les cols en Haute-Savoie.* »

Le col de la Colombière, puis celui de la Ramaz, deviennent ses nouveaux repères. Paret-Peintre aime y pousser son corps dans ses retranchements à mesure que la pente prend du caractère. « *C'était un peu mon Alpe d'Huez à moi. J'étais fier quand j'arrivais au sommet* », se souvient-il. Au fil des saisons, l'aîné de la fratrie muscle ses ambitions et se fait une promesse : remporter les plus grandes courses du calendrier alpestre. « *Un jour, je suis allé voir mon père qui était mon entraîneur, et je lui ai dit que j'aimerais gagner la Classique des Alpes juniors, le Grand Prix du Faucigny, le Tour de Savoie Mont-Blanc et, forcément, Annemasse-Bellegarde.* »

L'ÉPREUVE RÉVÉLATRICE

Il a presque tenu parole avec un époustouflant trois sur quatre. « *Il ne me manque que le Tour de Savoie Mont-Blanc, mais c'est quand même beau ! Ma victoire sur la Classique des Alpes a servi de révélateur. À partir de ce jour-là, je ne rêvais plus de devenir professionnel, mais je travaillais pour cela. Et puis, il y a eu Annemasse-Bellegarde. Et là, c'était comme dans un rêve* », sourit-il. Son débit se ralentit, le temps d'ouvrir la boîte à souvenirs pour se replonger dans ce dimanche 25 mars 2018.

Ce matin-là, l'enfant du pays débarque avec une pancarte dans le dos, grosse comme une publicité de Times Square. Il sait qu'il joue ici sa dernière chance d'inscrire son nom au palmarès de l'épreuve née en 1914, chez lui, devant les siens. « *Il avait terminé deux fois deuxième par le passé, une autre fois dans le top 5*, se souvient son frère Valentin. *Sa déception était immense à chaque fois.* » Cosnefroy appuie : « *J'avais gagné en 2016 grâce à un gros travail qu'il avait réalisé et, cette fois-ci, je rêvais de le voir s'imposer. Il le méritait. Quand on préparait cette course, il nous parlait de chaque coin de rue durant la reconnaissance. Il savait d'où venait le vent, où il fallait être vigilant. Il avait cette course dans les veines.* »

Maillot du Chambéry Cyclisme Formation sur le dos, Paret-Peintre est inarrêtable au cours d'une 83e édition qu'il marque de son empreinte. Multipliant les banderilles, il tente alors de s'isoler à l'avant pour ajouter du panache au scénario de ses rêves. « *J'étais tout seul à 30 kilomètres de l'arrivée. J'ai cru que ça pouvait le faire, mais je me suis fait reprendre,* retrace-t-il. *Dans ma tête, je me disais : "Au sprint, c'est impossible de gagner de toute façon." Je m'étais déjà fait avoir par le passé.* »

Galvanisé par les cris d'une foule s'époumonant « *Allez Aurél !* », le grimpeur se mue en sprinteur aux gros cuissots pour s'imposer d'un boyau, s'égosillant à son tour pour extérioriser son bonheur, avant de tomber dans les bras de sa famille. « *C'était un moment magique,* résume son papa Olivier. *Il y avait déjà eu l'émotion de sa victoire sur la Classique des Alpes, qui arrivait à La Bridoire, le berceau de ma famille. Mais là, de le voir gagner à Annemasse, ma ville de cœur, c'était dingue. Certains ont des grosses émotions car ils ont gagné au loto. Moi, je ne peux pas en avoir de plus intenses que celles-ci, à part la naissance de mes enfants.* »

Le héros du jour poursuit : « *C'était un moment de communion intense. Nous ne sommes pas des grands bavards dans ma famille. Mais là, il n'y avait pas besoin de mots. Tout passait par nos regards. Si la Classique des Alpes avait été un premier déclic, remporter la Doyenne en était un autre. Peut-être encore plus important.* »

Car ce succès lui permet d'ouvrir en grand les portes du monde professionnel... Avec un choix logique pour écrire la suite de son histoire : Paret-Peintre signe son premier contrat au sein de la formation savoyarde AG2R La Mondiale (devenue depuis AG2R Citroën). Née en 1992 de l'autre côté de la « frontière » entre les deux Savoie, à Chambéry, la plus vieille équipe tricolore apparaît comme une évidence. « *J'ai toujours été attaché à voir les meilleurs espoirs de notre région nous rejoindre,* justifiait son emblématique patron Vincent Lavenu au moment de la signature du contrat. *Aurélien Paret-Peintre incarne nos valeurs : c'est un garçon pétri de talent et surtout un homme attaché à ses racines.* »

L'intéressé poursuit : « *C'est une belle histoire de pouvoir continuer à courir dans une équipe de la région. Je suis toujours aussi attaché à mon territoire. Certes, mon terrain de jeu a changé maintenant que je vis à Aix-les-Bains. Je ne roule plus aussi souvent qu'avant en Haute-Savoie, mais je la vois toujours au loin quand je suis au sommet d'un col* », imagine-t-il. Désormais, c'est avec un dossard floqué à l'arrière de son paletot que le filiforme grimpeur dévale les routes de son enfance. « *C'est toujours un moment spécial pour moi. En 2020, pour mon premier Critérium du Dauphiné, nous avions passé deux jours à Megève. Les étapes étaient atrocement dures, mais c'était la première fois que je voyais mon nom peint sur la route, mes proches sur le parcours. Cela me donnait un peu des ailes. Et puis, il y a eu le Tour de France 2021.* »

Paret-Peintre se plaît à rembobiner une nouvelle fois le film. Il vit alors sa troisième saison dans le peloton professionnel. Quelques mois plus tôt, son palmarès s'était débloqué avec un succès surprise sur le GP La Marseillaise. « *Un succès au sprint. Presque le même que sur Annemasse-Bellegarde* », lâche-t-il, le sourire aux lèvres. De quoi cocher une case supplémentaire pour composter son billet pour la plus grande épreuve au monde. « *C'était déjà un rêve d'être au départ. Mais il y avait une étape que j'avais cochée depuis longtemps.* »

L'ESPRIT D'UN GUERRIER

3 juillet 2021. Huitième étape. Dans des conditions dantesques, l'enfant du pays se glisse dans la bonne échappée au départ d'Oyonnax pour prendre la direction du Grand-Bornand. « *Rien que d'y repenser, j'ai des frissons,* avoue-t-il. *C'est une étape qui m'a marqué,*

La longue ascension du Galibier depuis Saint-Michel-de-Maurienne, des milliers de mètres de dénivelé pour se faire « la caisse ».

BOLLE
PHOTOCHROMIC_LENSES
Light
Adaptive
Lens
Technology
PHANTOM
Adaptation is key.
Get the best vision, no matter the conditions,
with Phantom **photochromic** lenses.
bollé

Victoire d'Aurélien Paret-Peintre sur le Giro 2023 après une échappée fleuve lors de la difficile quatrième étape.

mais qui a aussi marqué les gens. » Une journée de légende donc, avec des images qui resteront dans les mémoires. Celle d'un peloton déambulant sous le déluge et dans les phares des bagnoles. Celle aussi de Tadej Pogačar, ce gamin venu de Slovénie, se dressant sur ses pédales à 32 bornes de l'arrivée dans les plus gros pourcentages du col de Romme pour filer vers sa seconde peau estivale et revêtir un maillot jaune qu'il ne quittera plus jusqu'aux Champs-Élysées. Mais pour le clan Paret-Peintre, reste le souvenir de voir son protégé se faire la peau pour le rendre fier.

« *C'était incroyable de voir mon frère à l'avant sur une étape du Tour*, confie Valentin, qui roule alors dans les traces de son aîné en ayant intégré à son tour le CCF. *Quelques années plus tôt, on était tous les deux sur le bord de la route à encourager nos idoles ou à prendre des photos avec eux. Et là, c'était Aurélien qui était encouragé par la foule. C'était dingue.* »

« *Tout était fou dans cette journée*, poursuit le dossard 125 de cette 108e édition. *Je me souviens que le matin, même s'il pleuvait des seaux d'eau, j'étais déterminé pour aller dans l'échappée. Je m'en étais fait un devoir. Mon père était dans le mont Saxonnex, on est aussi passé devant la maison de ma tante. Ce serait mentir de dire que j'oubliais la douleur mais je repoussais mes limites plus loin encore.* » Au final, il conclut sa journée à la 7e place, son premier top 10 sur l'étape d'un grand tour. « *Il nous avait bluffés ce jour-là par sa détermination*, se souvient Julien Jurdie, son directeur sportif. *Aurélien a un mental de guerrier et l'étoffe d'un leader.* » Depuis, le gamin d'Annemasse n'a cessé de progresser, se mêlant sans complexe à la bataille des cadors. « *Il est en train d'en devenir un*, prophétise Lavenu. *Sa progression est linéaire, il franchit les paliers un par un.* » Jusqu'à s'offrir les galons de leader pour le dernier Tour d'Italie.

Alors, quand il a appris que le Tour de France poserait son village départ à Annemasse le 15 juillet prochain, ses yeux se sont une nouvelle fois illuminés. Il l'abordera avec la force d'un coureur en pleine maturité, magnifique vainqueur en mai dernier à Lago Laceno de la quatrième étape du Giro d'Italia. « *En 2004, quand le Tour était déjà parti d'Annemasse, on n'en avait pas manqué une miette avec toute ma famille. Je me souviens qu'il pleuvait, mais je m'en foutais. J'étais au paradis. Alors forcément, j'ai envie d'être de la fête. Pour continuer de vivre mon rêve.* » Celui d'un gamin dont le vélo coule dans les veines.

© Library of congress
JEAN-NOËL BLANC
UNE HISTOIRE DES COURSES CYCLISTES
Glénat
Glénat
www.glenat.com
LA GRANDE ET LA PETITE HISTOIRE DU CYCLISME ET DE SES CHAMPIONS
Par JEAN-NOËL BLANC
UNE HISTOIRE DE L'EVEREST
UNE HISTOIRE DU SKI
UNE HISTOIRE DU SECOURS EN MONTAGNE
Une histoire de..., un condensé d'histoires singulières, éclairées en toute subjectivité par des auteurs experts, à contre poil de l'encyclopédie.
12 titres disponibles

Stratégie

Le ski de fond, une complémentarité vertueuse pour les clubs de vélo

Rouler ou glisser ? Dans un département comme la Haute-Savoie, où les enfants apprennent à skier quasiment avant de savoir marcher, les clubs de vélo ne souffrent-ils pas de la concurrence des clubs de ski ? Pas vraiment, selon les présidents des vélo-clubs d'Annemasse et de Cluses-Scionzier qui, au contraire, mettent en avant la complémentarité entre la petite reine et le ski (notamment de fond), et évoquent même des cas de fondeurs qui basculent complètement vers le vélo.

Par Martin Léger

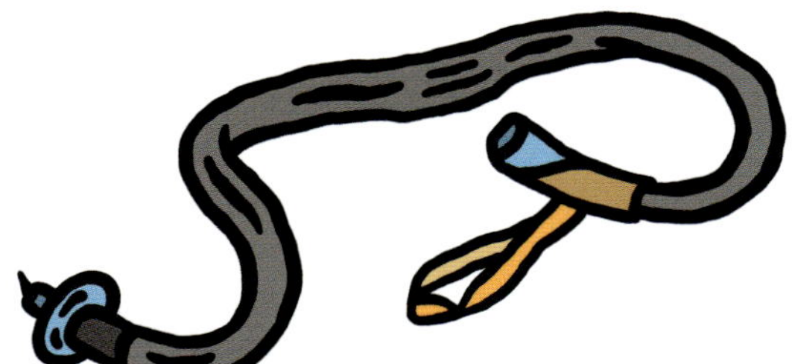

« Les saisons de vélo et de ski de fond se chevauchent un petit peu. Pour les jeunes qui n'aiment pas la piste ou le cyclo-cross, le ski de fond est une bonne alternative, parce que cela permet de rester en activité pendant l'hiver. Et lorsque la saison de vélo de route redémarre – grosso modo *à partir de février – nos coureurs ne repartent pas de zéro* », explique Pascal Cartier, le président du Vélo Club Cluses-Scionzier, où les jeunes cyclistes constituent le gros des effectifs. Son homologue du Vélo Club d'Annemasse, Olivier Paret-Peintre (le papa d'Aurélien et de Valentin, coureurs pros chez AG2R-Citroën) partage cet avis, rappelant que « *de toute façon, pour les jeunes, la saison de compétition en vélo ne reprend que fin mars et s'arrête vers la mi-octobre* ». Autrement dit, les jeunes Haut-Savoyards n'ont pas besoin de choisir entre vélo et ski, puisqu'ils peuvent faire les deux !
Pascal Cartier va même jusqu'à conseiller le ski de fond à ses jeunes adhérents qui ne font pas de piste ou de cyclo-cross, mettant en avant « *une complémentarité naturelle, puisqu'on a une double offre dans un rayon de quinze kilomètres, avec la proximité du club d'Agy* » (celui de Maurice Manificat, le fondeur français en activité avec le plus beau palmarès, NDLR). « *On se connaît très bien et, même si on n'a pas de partenariat officiellement établi, on monte des actions ponctuelles ensemble, telles que des initiations croisées vélo et biathlon, parce qu'on a finalement le même public,* précise-t-il. *Dans notre club, on forme certes au vélo, mais plus généralement au goût du sport. Et même si des jeunes arrêtent le vélo pour aller faire de la course à pied, je suis content, dans la mesure où ils continuent à faire du sport. Et puis ce n'est pas parce qu'un jeune se met au ski de fond qu'il ne reviendra pas au vélo.* » Le VC d'Annemasse n'entretient pas forcément des liens aussi étroits avec des clubs de ski, mais n'a pas d'animosité à leur égard, loin de là. « *Je ne vais pas inciter les jeunes à faire du ski de fond s'ils n'en font pas déjà. Mais si c'est un sport qu'ils pratiquent, on ne met pas de frein, on va même les encourager* », résume Olivier Paret-Peintre.

RETOUR À NIVEAU EN DEUX À TROIS SEMAINES

Ces deux sports affichent une complémentarité naturelle. D'un point de vue purement physique, « *le ski de fond permet de faire monter le cœur plus haut qu'à vélo* ». « *Par le format des compétitions* [la plupart se font avec des départs individuels échelonnés, NDLR], *les fondeurs ont l'habitude de gérer un effort violent en solitaire. Du coup, ils sont souvent bons sur le vélo en contre-la-montre* », observe Pascal Cartier, qui note aussi un meilleur gainage chez les cyclistes-fondeurs, ainsi qu'une proprioception davantage développée « *avec des chevilles souvent plus costaudes* ». Globalement, au sortir de leur saison de ski de fond, ces jeunes doubles sportifs ont, d'après Olivier Paret-Peintre, « *le foncier, le rythme* ». « *En début de saison cycliste, ils vont même souvent être en meilleure condition que ceux qui n'ont fait que du vélo à basse intensité, étant donné qu'ils ont fait du fractionné avec le ski de fond. Ils ont alors un niveau de forme semblable à un cycliste "pur" qui a fait du cyclo-cross l'hiver, note le président du VC d'Annemasse. Il faut simplement qu'ils réhabituent la musculature à pédaler, qu'ils se concentrent surtout sur le geste du pédalage. Mais lorsqu'ils reprennent le vélo, ils peuvent être opérationnels pour la compétition en deux à trois semaines.* »
L'apport du ski de fond pour le vélo est aussi – surtout ? – mental. « *C'est dur d'être sur le vélo tout au long de l'année. Le ski de fond, en plus de permettre de travailler naturellement le gainage du haut du corps, permet une déconnexion mentale. C'est très bon pour le moral des jeunes coureurs d'avoir deux saisons pleines dans des sports différents. Après l'avoir laissé au garage pendant deux ou trois mois, ils reprennent le vélo avec de l'envie* », estime Pascal Cartier. Et Olivier Paret-Peintre d'ajouter : « *On*

> **« C'est dur d'être sur le vélo tout au long de l'année. Le ski de fond, en plus de permettre de travailler naturellement le gainage du haut du corps, permet une déconnexion mentale. »**
> **Pascal Cartier**

« *Lorsqu'il fait mauvais, c'est aussi plus facile de se motiver pour skier sous la neige que pour rouler sous la pluie.* »
Olivier Paret-Peintre

change de plaisir, de sensations. Lorsqu'il fait mauvais, c'est aussi plus facile de se motiver pour skier sous la neige que pour rouler sous la pluie. On a souvent moins froid en ski de fond. Pendant l'hiver, mes fils, s'ils ne sont pas en stage avec AG2R-Citroën et s'il fait trop mauvais pour aller rouler, vont plutôt faire une séance de ski de fond. Et parfois même lorsqu'il fait beau ! Ils n'ont pas de contrainte de leur équipe par rapport au ski de fond. »

JÉRÔME COPPEL, UN FONDEUR DEVENU CYCLISTE

Des témoignages concordants montrent même que « *la passerelle est plutôt dans l'autre sens, notamment quand les coureurs arrivent en catégorie juniors* ». « *Comme la saison de ski de fond est beaucoup plus courte, on observe nettement plus de cas de fondeurs-cyclistes qui basculent complètement vers le vélo, que l'inverse* », affirment en chœur les présidents des vélo-clubs de Cluses-Scionzier et d'Annemasse.

L'un des cas les plus emblématiques de cette bascule est celui de Jérôme Coppel, l'ancien cycliste pro (médaillé de bronze sur le contre-la-montre des championnats du monde 2015)... Haut-Savoyard pure souche, il a commencé le cyclisme au vélo-club d'Annemasse. « *Je suis un fondeur qui s'est mis au vélo. Ma vraie passion a toujours été le ski de fond. Mais il se trouve que j'ai débuté le vélo pour faire un sport pendant l'été et que, très vite, j'ai été champion de France (du contre-la-montre, en catégorie juniors). Je me suis aussi rendu compte que j'avais sans doute plus de capacités pour le cyclisme. Sans compter que ce qui me motive dans le sport, c'est la compétition. Or en ski de fond, il y a neuf mois de préparation pour à peine trois ou quatre mois de compétition...* »

Le cycliste, passé par la FDJ, Saur-Sojasun, Cofidis et IAM, n'a jamais abandonné ses premières amours, « *parce que le ski de fond est le meilleur complément au vélo pour se préparer l'hiver* ». « *Quand j'étais cycliste pro, l'hiver je faisais trois à cinq entraînements par semaine de ski de fond, de 1 h 30 à 2 heures, en plus des séances de vélo (dehors ou sur* home-trainer*). Grâce au ski de fond, je n'avais besoin que de 1 500 à 2 000 kilomètres de vélo, de mi-novembre à fin janvier, pour aller jouer devant dès la reprise de la saison cycliste en février, contre 4 000 à 6 000 kilomètres pour les cyclistes purs. J'ai d'ailleurs gagné deux fois l'Étoile de Bessèges (qui ouvre la saison pro en France, en février)* », témoigne-t-il.

Coppel, qui avait davantage un gabarit de grimpeur que de rouleur, attribue aussi au ski de fond ses qualités en contre-la-montre, parce qu'il a « *appris, grâce aux compétitions de ski de fond, à gérer l'effort, à être sur la ligne rouge sans jamais la dépasser* ». Cela étant, l'ancien champion prévient qu'il convient tout de même, en ski de fond, « *de bien gérer ses allures et ses intensités, ce qui implique d'avoir une bonne technique* ». « *Avec une mauvaise technique, on compense par le physique et on peut vite se cramer,* note-t-il. *Comme le ski de fond permet de travailler le gainage, on peut envisager de remplacer une séance de PPG (préparation physique générale) par une sortie de ski, mais pas toutes les séances non plus, car il y a tout de même une PPG cycliste spécifique. Et même à niveau amateur, pour être compétitif à la reprise de la saison cycliste, il faut continuer à rouler un minimum l'hiver, sinon on manque d'endurance.* »

Au final, il s'agit de fonctionner en bonne intelligence entre les structures des deux disciplines pour parvenir au résultat magique : 1 + 1 = 3 ! S'il vaut mieux éviter de glisser en roulant, il semble donc qu'il y ait de véritables avantages à allier ces deux disciplines... finalement très complémentaires.

SKPR
HIKE
La nouvelle chaussure
de randonnée Rossignol
ROSSIGNOL
Photo : ©Louis Garnier

Eau plate

Le tour des lacs en quelques tours de roue

Joyaux du tourisme en Haute-Savoie, les lacs Léman et d'Annecy sont logiquement prisés des cyclistes de tous horizons. Des familles en promenade aux spécialistes du chrono, en passant par les grimpeurs aux jarrets d'acier avides de points de vue plongeants, tout le monde peut trouver son bonheur en faisant le tour de ces deux lacs mythiques à vélo. Il convient simplement de choisir le bon horaire et la bonne route… car, entre les « classiques » et les chemins de traverse, les options sont nombreuses.

Par Martin Léger

Le beau vignoble de Léman avec vue sur la mer intérieure qu'est le lac Léman.

Eau plate

Le tour des lacs en quelques tours de roue

L'avantage lorsqu'on fait le tour d'un lac à vélo, c'est qu'il n'y a – *a priori* – pas besoin de se creuser les méninges ou d'étudier les cartes pendant des heures pour tracer la boucle à parcourir. L'autre atout, c'est que les lacs étant par définition plats, les routes qui en font le tour le sont généralement aussi, rendant ces escapades accessibles à un large public... Enfin presque ! Sur les versions les plus faciles, vous cumulerez 235 mètres de dénivelé en l'espace de 38 kilomètres pour le lac d'Annecy et 890 mètres de dénivelé en 176 kilomètres autour du Léman. Il existe néanmoins pour ce dernier une randonnée permanente – Le Tour du Léman Cyclo – organisée, contrôlée et homologuée par le club des Cyclos Randonneurs Thononais, de 180 kilomètres (120 en Suisse, 60 en Haute-Savoie) pour 1 300 mètres de dénivelé, mais pouvant atteindre 213 kilomètres et 1 800 mètres de dénivelé en y incorporant cinq variantes.

Les chiffres ne disent pas tout non plus de la difficulté de ces tours. Cette randonnée permanente autour du lac Léman a beau présenter un dénivelé global comparable à celui d'un grand col alpin, « *il n'y a jamais de grosse côte, ce n'est pas infernal, ça se monte très bien* », assure Jacques Philippe, le président des Cyclos Randonneurs Thononais. *A contrario*, si vous entreprenez le tour du lac d'Annecy dans le sens anti-horaire (Annecy-Saint-Jorioz-Talloires-Veyrier), au bout de 30 kilomètres, vous risquez de buter sur la côte de Talloires, « *un petit pétard de 1,6 kilomètre et 102 mètres de dénivelé, soit à 6,2 % de moyenne, mais avec un passage à 15 % dans une épingle* ». « *Il ne faut pas être en insuffisance cardiaque à cet endroit,* prévient Gaspard Fontbonne, un triathlète et cycliste annécien très entraîné (10 600 kilomètres et 176 000 mètres de dénivelé cumulé par an en moyenne sur ces trois dernières années rien qu'à vélo). *Cette côte de Talloires est plus facile dans l'autre sens, où il s'agit d'un grand faux plat montant.* »

VÉRITABLES VOIES VERTES OU SIMPLES BANDES CYCLABLES ?

Même s'il est évidemment possible de réaliser ces tours dans un sens ou dans l'autre, il est préférable, autour de ces deux lacs, d'opter pour le sens horaire. « *C'est ce que nous conseillons à nos clients qui veulent entreprendre le tour complet du lac d'Annecy, parce que cela permet d'être le plus proche possible de l'eau* », explique Bruno Toutain, le patron de Cyclomundo, un voyagiste qui propose dans son catalogue un séjour intitulé « Les trois lacs à vélo : lac Léman, lac du Bourget et lac d'Annecy ». D'après Jacques Philippe, ce choix offre aussi davantage de sécurité : « *Cela évite, d'avoir à couper des routes. Et comme il n'y a pas de règle générale par rapport au sens du vent – il peut y en avoir, mais ni plus ni moins qu'ailleurs – ça n'a pas d'incidence sur ce point.* » Puisqu'on parle sécurité autour du lac

Genève en 1955. Le vélo, toujours et encore...

Autour du lac d'Annecy, une multitude de variantes
permet d'ajouter du dénivelé… ou pas !

Eau plate

Le tour des lacs en quelques tours de roue

Léman, sachez que si certaines portions sont de vraies pistes cyclables séparées de la route – en particulier côté suisse, de Genève à Lausanne – ce n'est pas le cas partout. Le président des Cyclos Randonneurs Thononais rappelle ainsi que sur la partie française, « *il n'y a que quelques portions avec des bandes cyclables, non séparées de la route* ». En revanche, pas de risque de vous perdre : inauguré officiellement le 6 juin 2015, le Tour du Léman est un itinéraire balisé. Il vous suffit donc de suivre les panneaux bleu clair, ornés du dessin d'une perche, le poisson emblématique du lac, et indiquant l'itinéraire 46.
Autour du lac d'Annecy, la rive ouest (Annecy-Sévrier-Saint-Jorioz-Duingt-Doussard) est intégralement aménagée en voie verte séparée de la route (sur les traces de l'ancienne voie ferrée qui reliait Annecy à Albertville). En revanche, la rive est se révèle un peu plus dangereuse, en particulier dans les traversées de Veyrier-du-Lac et de Menthon-Saint-Bernard (aucun aménagement cyclable) et, dans une moindre mesure, dans celle de Talloires (seulement une bande cyclable dans le sens Angon-Talloires). Le reste de cette rive alterne entre voie verte séparée de la route, bandes cyclables multifonctionnelles et voies partagées. « *Si tu veux rouler fort autour du lac d'Annecy, il faut y aller avant 9 h le matin. D'avril à mi-septembre, avec un pic en juillet-août, c'est franchement pénible entre les poussettes, les familles, les skis-roues... De 10 h à 18 h, c'est compliqué, surtout en début d'après-midi. Et la partie au niveau de la plage d'Albigny et du Pâquier, hyperfréquentée, est même dangereuse* », avertit Gaspard Fontbonne.

OPTIONS PLUS SPORTIVES... ET UN PEU MOINS FRÉQUENTÉES

C'est pourquoi ce dernier conseille, les jours de forte affluence, de plutôt bifurquer à Sévrier – un peu plus de cinq kilomètres après le départ d'Annecy – vers le col de Leschaux (douze kilomètres à 3,7 % et 441 mètres de D+). « *Du col, il y a ensuite plusieurs options : continuer à droite pour grimper en direction du Semnoz – il reste treize kilomètres et 760 mètres de dénivelé, avec des pentes pas toujours régulières (pointes à 9 %), mais de très jolis panoramas sur le lac – ou prendre à gauche en direction de Saint-Jorioz, avec au passage deux ou trois petits pétards pas bien longs (200 à 300 mètres), puis une descente qui ramène*

Le peloton du Tour en 2013, en balade sur les rives du lac d'Annecy, avant la grosse bataille.

Eau plate

Le tour des lacs en quelques tours de roue

Le cyclisme, c'est aussi le triathlon et le très exigeant Alpsman qui finit au sommet du Semnoz.
Le Suisse Ferdi Kuebler, même Zurichois, s'avère très motivé pendant le contre-la-montre du Tour de Suisse 1950.
Les coureurs du Tour de Romandie suivent les berges du lac Léman en 1949.
Duingt et son château, un des bijoux du lac d'Annecy.
Un tour de lac, c'est boucler une boucle évidente.

Côté suisse, le versant dédié à la vigne.

Rouler ici, ce n'est pas seulement accumuler des kilomètres sur une bande de bitume, c'est aussi évoluer dans un cadre hors norme.

sur la piste cyclable au bord du lac. Dans ce secteur, vers Bellecombe-en-Bauges ou Saint-Eustache par la route de la Magne, il y a vraiment des points de vue de dingue sur le lac. »

Autre alternative sur la rive est du lac : les grimpeurs choisiront l'enchaînement du très roulant col de Bluffy (3,5 kilomètres à 4 % depuis Veyrier-du-Lac) et du nettement plus redoutable col de la Forclaz de Montmin (dix kilomètres à 6,5-7 % sur ce versant nord, six kilomètres depuis Bluffy mais toujours avec les quatre derniers kilomètres à 8, 11,5, 11 et enfin 10 %). « *L'autre versant, depuis Vésonne via Montmin, est encore plus dur (8,6 kilomètres à 9 %) . C'est pour les purs grimpeurs, avec une alternance de passages très raides – jusqu'à 12-13 % – et de petits replats pour relancer* », détaille encore Gaspard Fontbonne.

Sur le tour du lac Léman, il existe aussi des options plus escarpées et sportives. On pense notamment à la route des vignobles en terrasses de Lavaux, classés au Patrimoine mondial de l'humanité de l'Unesco, qui offre un panorama incroyable sur les rives du lac franco-suisse. Une variante qui rajoute onze kilomètres et 230 mètres de D+ au parcours. Les quatre autres variantes officielles de la randonnée permanente évoquée précédemment font chacune entre six et sept kilomètres (entre 33 et 104 mètres de dénivelé supplémentaire).

OPTION FERRY POUR UN RACCOURCI

Le choix des routes empruntées et/ou de la durée de votre périple autour de ces deux lacs emblématiques dépend non seulement de votre niveau d'entraînement, mais aussi de vos aspirations en termes de panoramas et de visites. Rouler ici, ce n'est pas seulement accumuler des kilomètres sur une bande de bitume, c'est aussi évoluer dans un cadre hors norme. « *Nous avons principalement des clients étrangers, notamment anglo-saxons, sur notre circuit des trois lacs,* explique Bruno Toutain de Cyclomundo. *Pour eux, Annecy, c'est envoûtant, en quelque sorte le point d'exclamation du voyage ! Ils apprécient le cadre, la vieille ville, mais aussi le village de Talloires* [souvent surnommé « Le petit Monaco du lac », NDLR], *son abbaye, ses hôtels de luxe.* » Autour du lac Léman, le voyagiste met en

La montée au Semnoz, l'un des plus beaux panoramas de la région.

avant, côté suisse, la section allant de Lausanne à Montreux, *via* Vevey (où se trouvent le musée Charlie Chaplin et la villa Le Lac construite par Le Corbusier), les vignobles de Lavaux, ou encore le château de Chillon (joyau médiéval qui est le monument le plus visité de Suisse). « *Côté France, il y a de jolies villes : Thonon, Évian, et surtout Yvoire et sa cité médiévale. Lorsqu'on quitte Saint-Gingolph – la ville-frontière – et qu'on monte un peu, il y a des vues à tomber sur le lac, le Jura et les Alpes vaudoises (derrière Montreux)* », complète Bruno Toutain. Si le tour du lac d'Annecy, relativement court, est accessible au plus grand nombre, d'autant qu'on peut aussi le réaliser à vélo électrique (voir encadré ci-contre) ; celui du lac Léman prendra environ 5 h 30 en version sportive, une journée complète en mode cyclotourisme (pour des personnes ayant néanmoins l'habitude de rouler), voire deux à trois jours pour les contemplatifs. Et si vous ne pouvez/ne voulez pas en

Le tour du lac d'Annecy en VAE libre-service

Vous ne vous sentez pas assez entraîné pour affronter la côte de Talloires ? Montez-la à vélo à assistance électrique ! Et peu importe que vous entamiez votre tour du lac d'Annecy depuis Veyrier, Saint-Jorioz ou Duingt, vous trouverez facilement un VAE dans l'une des douze stations « Vélonecy 60 minutes » installées sur le pourtour du lac. Elles fonctionnent avec une appli smartphone à télécharger. Les tarifs, très abordables en dessous d'une heure (gratuit la première demi-heure, 1,50 € entre 31 et 60 minutes), sont nettement plus chers au-delà (35 € de 61 à 70 minutes, 38 € de 71 à 80 minutes… avec une durée de 20 minutes à respecter entre deux locations). Ces vélos de couleur verte, à cinq niveaux d'assistance et sept vitesses (qu'on trouve au total dans 48 stations réparties dans le Grand Annecy), disposent d'une autonomie allant de 40 à 70 kilomètres selon les conditions d'utilisation.

Glénat
www.glenat.com

Voyages à vélo & vélo électrique

TOUS EN SELLE !

GUIDES PRATIQUES

- 1 500 KM DE VOYAGE
- 20 À 30 JOURNÉES DE BALADES
- CARTES DÉTAILLÉES
- PROFILS ALTIMÉTRIQUES
- TRACES GPS TÉLÉCHARGEABLES
- GUIDE PRATIQUE ET TOURISTIQUE
- RELIURE SPIRALE

Également : Auvergne, Bretagne, Compostelle le Camino Francés, de Paris au Mont-Saint-Michel, Provence, Occitanie, Vercors.

13 titres disponibles

faire le tour complet, sachez qu'il est possible de raccourcir ce tour en empruntant le ferry entre Évian (ou Thonon) et Lausanne. Un Évian-Lausanne (ou l'inverse) sur la partie est du lac Léman réduit le parcours à 64 kilomètres et concentre la plus belle section côté Suisse. Hormis la ville de Morges et son château abritant un musée militaire, ainsi que l'horloge fleurie de Genève, la partie entre Genève et Lausanne n'est pas la plus intéressante du parcours. Côté français, avec ce raccourci, vous raterez néanmoins Yvoire, le parc des Aigles du Léman à Sciez, la Maison des Arts du Léman à Thonon ou encore le domaine de Rovorée la Châtaignière. Mais alors, pourquoi ne pas dormir à Évian-les-Bains et parcourir le lendemain les 29 kilomètres (soit 58 kilomètres aller-retour) qui vous séparent d'Yvoire pour aller admirer ces joyaux ? Les options de parcours et de détours à proximité des lacs Léman et d'Annecy sont nombreuses, et c'est bien ce qui les rend incontournables !

Les cyclosportives autour des lacs

Pour le lac Léman, le Cyclotour du Léman, dont la 20e édition aura lieu le 4 juin 2023 au départ de Lausanne, propose trois parcours. Le plus grand propose un tour intégral du lac franco-suisse (176 kilomètres pour 890 mètres de dénivelé), le moyen relie Évian à Lausanne (112 kilomètres / 640 mètres de dénivelé) et le petit va de Lausanne à Évian (64 kilomètres / 250 mètres de dénivelé, incluant la route des magnifiques vignobles de Lavaux). À noter qu'il ne reste plus de dossard disponible sur ces deux derniers parcours au moment de l'écriture de ces lignes.

Du côté d'Annecy, la donne est un peu différente, puisque aucune cyclosportive ne propose un tour du lac intégral. La DVélos Lac d'Annecy (13e édition en 2023, anciennement AlpinBike Lac d'Annecy ou encore précédemment Scott Cimes du Lac d'Annecy) se « contente » d'arpenter les routes de la rive ouest du lac.

Le col de Leschaux est le point de passage incontournable de cette cyclosportive, puisqu'il est emprunté par les cinq épreuves au programme, samedi 26 et dimanche 27 août : grimpée chrono du Semnoz (24 kilomètres / 1 200 mètres D+) et course Gravel (68 kilomètres /1 630 mètres D+), parcours chrono du Semnoz (130 kilomètres / 2 850 mètres D+) et des Bauges (110 kilomètres / 2 050 mètres D+), Rando Tour du Chatelard (55 kilomètres / 1 150 mètres D+).

Tout est question de vue : soit on monte, soit on reste sur la voie verte. Un choix pas forcément cornélien.

Jean Sulpice dans son moment favori : rouler avant les autres avant de briller en cuisine.

Étoile

Les échappées de Jean Sulpice

Jean Sulpice, le chef deux étoiles de l'Auberge du Père Bise à Talloires, est un authentique cycliste pour qui pédaler est le meilleur moyen de se ressourcer au cœur de son territoire.

Par Yves Perret

C'est le moment de rêve où le jour remplace par petites touches de couleurs pastel l'obscurité. La brume matinale enveloppe les sommets enneigés alors que, plus bas, le décor hésite entre vert tendre et granit. La route taille une balafre sombre entre deux champs immaculés. L'hiver, pourtant timide, résiste. En contrebas, le lac d'Annecy vire doucement au vert.
Seul sur la route, Jean Sulpice se dresse sur les pédales. Son vélo s'incline dans un mouvement de balancier harmonieux, rythmé par son souffle régulier et les cliquetis de la mécanique bien huilée. De temps à autre, il jette un regard amoureux sur la nature qui l'entoure et hume les senteurs montagnardes que l'on retrouve saupoudrées malicieusement dans ses plats. C'est là, dans ce monde du silence, l'hiver à ski de randonnée, l'été à vélo, en VTT ou en courant, qu'il puise l'énergie qui le pousse à l'excellence dans la vie trépidante de cuisinier étoilé et de patron d'une entreprise de 120 salariés.
La pente se cabre. Bientôt le sommet. Imperceptiblement, l'allure augmente, comme si une règle tacite, qui voudrait qu'un col ne se franchisse qu'au sprint quand on a le mollet affûté et les joues creuses, était tracée sur la route à la peinture blanche au milieu des inscriptions délavées à la gloire des coureurs du Tour de France. À peine le temps de souffler et il plonge dans la descente pour ne devenir qu'un minuscule point qui saute d'un virage à l'autre.
Jean Sulpice, 44 ans, pourrait grimper le col de la Forclaz de Montmin les yeux fermés. Il en connaît les courbes, les aspérités, les ruptures de pente. Il savoure ces instants uniques au cœur des Aravis, balcon avec vue imprenable sur Annecy, le lac, les Bauges, là où sont plantées les racines de sa famille maternelle.
Il pourrait ainsi réciter par cœur le tracé sinueux de chaque col qui entoure l'Auberge du Père Bise, magnifique maison posée à Talloires, au bord du lac d'Annecy, qui régale les épicuriens depuis 1903 et dont il est devenu en 2016 le propriétaire en compagnie de Magalie, son épouse.
Il raconterait alors modestement ses aventures sur deux roues, ces petits matins frisquets où torturer son vélo et son corps est l'assurance d'une journée réussie, juste avant de quitter le cuissard et de se recoiffer pour enfiler la veste blanche et filer en cuisine.

LE VÉLO COMME LIGNE DE VIE

Jean Sulpice est un cycliste de la pire espèce. De ceux qui assurent ne pas être des spécialistes, qui doutent de leur forme du moment et jurent ne pas avoir assez de bornes au compteur pour boucler assez vite le parcours de leurs rêves avant de lâcher, mètre après mètre, sans accélérer ni se retourner, celui qui a essayé de s'accrocher à sa roue arrière.
Jean aime le vélo. « *Le sport est une partie de ma vie. J'en ai viscéralement besoin pour mon équilibre. C'est là que je m'échappe, que je réfléchis, que je trouve l'inspiration pour créer des recettes, que je m'interroge, lorsque je me retrouve seul au milieu de ce décor, sur l'avenir de notre planète.* »
Son lien avec le cyclisme est puissant, construit enfant, lorsqu'il voyait Patrice, son frère de quatre ans son aîné, boucler son sac pour partir à la conquête du monde avec le mot France écrit en lettres capitales dans le dos de son survêtement. Patrice était pistard et sur son vélo blanc, il déboulait à 70 kilomètres/heure au coude à coude avec d'autres furieux sur les pentes inclinées des vélodromes du monde entier. Numéro un mondial en sprint, premier Français vainqueur d'une coupe du monde sur piste, il rivalisait avec Florian Rousseau, champion emblématique, et rêvait d'or aux Jeux olympiques d'Atlanta à l'été 1996.
Le 25 septembre 1995, à Bogotá, en Colombie, l'aîné des Sulpice, 21 ans, bouclait son entraînement à la veille des championnats du monde dont il était un des favoris. Un dernier tour, encore quelques mètres à pleine vitesse pour s'assurer que

Malgré son agenda chargé, le chef doublement étoilé Jean Sulpice parvient à chausser très souvent ses skis de randonnée l'hiver et à rouler suffisamment sur son vélo pour finir régulièrement dans les 100 premiers de l'exigeante cyclosportive Étape du Tour.

Benoît Cosnefroy, membre d'AG2R Citroën Team et champion du monde espoir en 2017, en stage chez Jean Sulpice.

la machine tourne rond et il se projettera dans son rêve du lendemain : remporter une médaille d'or. Il percute alors un de ses coéquipiers. Patrice Sulpice ne marchera plus jamais.
Entre le frangin, champion brisé, et le cadet, qui cherchait encore sa voie, s'effectue un transfert inconscient. « *J'étais un casse-cou, une tête brûlée, je sautais des bosses de deux mètres à vélo ou avec tout ce qui se présentait. Je me suis cassé des coudes ou des genoux. Je ne savais pas qu'on pouvait se faire mal. Quand ma mère m'a dit que mon frère était tombé et que peut-être il ne remarcherait pas, j'ai pris vingt piges de maturité dans la gueule. J'ai compris qu'on pouvait être en haut et retomber, que l'ascenseur pouvait être brutal. Je me suis pris en main* », raconte vingt-cinq ans plus tard Jean Sulpice au journal *L'Équipe*.
Le vélo, toujours, comme une fragile ligne de vie. Jean Sulpice n'est pas un cycliste du dimanche. Il roule assidûment, affiche environ 4 000 bornes au compteur chaque année, soucieux, comme derrière ses fourneaux, du moindre détail, amoureux des beaux vélos et du geste juste. Jean Sulpice sur deux roues, ce n'est pas de la com' 2.0, mais un efficace art de vivre.
« *Lorsque j'ai roulé avec lui, j'ai été impressionné par son niveau physique. Il aurait pu être un sacré coursier. Il sait rouler, gérer son effort. On le sent perfectionniste et curieux* », raconte Benoît Cosnefroy, coureur professionnel de l'équipe AG2R Citroën, un des nombreux sportifs de haut niveau à avoir partagé quelques ascensions, sans faux col et sans faux rythme, avec lui. De temps en temps, il accroche un dossard à son maillot, viscéralement compétiteur, comme en 2018, lorsqu'il a participé à l'Étape du Tour, la grande cyclosportive disputée chaque année sur le parcours d'une des étapes de montagne les plus difficiles de la grande boucle.
Entre Annecy et Le Grand-Bornand, au milieu de plus de 13 000 passionnés, il a avalé 169 kilomètres, gravi les cols de la Croix Fry, le plateau des Glières, le col de Romme et le col de la Colombière, digéré 4 000 mètres de dénivelé positif en 5 h 54, terminant à la 134e place, presque déçu de ne pas faire partie des cent meilleurs. Trois heures plus tard, le chef était en cuisine, au milieu de sa brigade, « *parce que le service du soir, cela ne se rate pas* ».

EN OSMOSE AVEC LA MONTAGNE

Mais le vélo de Jean Sulpice est aussi, surtout, un rendez-vous avec ce territoire de Haute-Savoie qu'il chérit. À bonne allure, nécessairement à la recherche du dépassement de soi et d'une osmose totale avec la nature, avec un but plus philosophique que la simple satisfaction de lire son nom sur une feuille de résultats. « *Le sport est une échappatoire, un moyen de me ressourcer, mais aussi de partager, comme dans ma cuisine* », s'enthousiasme-t-il. Sur son livre de route, il y a de grandes randonnées à travers les Alpes, le tour du Mont-Blanc, la descente vers Nice entre potes. La journée, la joyeuse équipe accumule les kilomètres et les ascensions. Le soir, adeptes du *bike-packing*, les compères plantent la tente et sortent du sac quelques gourmandises, arrosées d'un flacon soigneusement choisi. À la belle étoile, il est alors question de sport, de gastronomie et des plaisirs simples de l'existence. Ces moments uniques, gravés dans les cœurs, on ne les retrouve pas sur Strava, car ils se vivent et se racontent sans s'appuyer sur la violence des dénivelés ou la sécheresse des moyennes.
Tel est Jean Sulpice, chef d'exception, taillé comme un champion pour conquérir la troisième étoile, homme aux valeurs fortes et gamin de Savoie qui sourit à la montagne lorsque l'acide lactique lui brûle les jambes. Éternellement pressé. Terriblement apaisé lorsqu'autour de lui, la montagne bascule de la nuit au jour.

Vers Thonon-les-Bains sur une belle piste cyclable parfaitement aménagée.

Balade

Sa Majesté le Léman

La ViaRhôna suit les rives du Rhône du Léman à la Méditerranée. Le début du parcours nous guide à travers une Haute-Savoie méconnue, loin des hautes cimes, grâce à une douce balade lacustre, puis au pied du Jura.

Par Sylvain Bazin

Sur les quais du lac Léman. À chacun sa balade.

Saint-Gingolph est un village à la croisée des chemins : entre France et Suisse – il est séparé en deux communes, l'une en Haute-Savoie, l'autre appartenant au canton du Valais. Il accueille aussi le départ de deux randonnées mythiques. Les adeptes des itinéraires pédestres s'élancent sur le GR®5, le sentier de l'Europe traversant les Alpes ; tandis que les amateurs de vélo partent sur la ViaRhôna, dont les premiers kilomètres révèlent toute l'ampleur et la beauté du lac Léman avec, sur la rive opposée, les riches constructions de la Riviera du Léman.

LE LÉMAN EN VEDETTE

Les pensées s'évadent, mais une question vient : où est le Rhône, que nous sommes censés suivre tout au long de cette ViaRhôna ? La réponse est aussi limpide que les eaux du lac : le fleuve est englouti par le Léman. Dévalant du glacier, il commence sa course en rejoignant la vallée principale du Valais, au pied des Alpes, avant de se déverser dans le plus vaste lac d'Europe occidentale, en aval de Gletsch, pour en ressortir à Genève. Après cette renaissance, le Rhône creuse son sillon au pied des reliefs du Jura et du Bugey, regagnant rapidement la Haute-Savoie. C'est cette Haute-Savoie d'en bas, ce Chablais des rives du Léman et cette vallée du Rhône jurassien que nous nous apprêtons à parcourir.

Pour l'heure, le lac occupe pleinement les esprits et le paysage : il est la vedette de ce début de parcours. Il faut dire qu'avec ces 580 km², il en impose. Une vraie petite mer intérieure. Certes, on distingue très bien la rive opposée, surtout ici, proche de son extrémité est, mais ce long croissant mesure tout de même 78 kilomètres, de quoi rester deux jours à rouler sur ces rives formées il y a 16 000 ans par le recul du glacier (qui n'en finit d'ailleurs plus de reculer...).

Sur les premiers kilomètres, on profite à fond du spectacle en pédalant le long d'une belle piste cyclable, alors que les bateaux animent la surface de l'eau. La suite demande un peu de concentration, car nous roulons sur la départementale – certes pas trop fréquentée selon l'horaire – pour rejoindre Évian. La ville thermale est prétexte à notre première pause, avec son palais Lumière qui accueillait autrefois les thermes, l'ancienne buvette de la source Cachat et d'autres bâtiments évoquant pleinement les années fastes du thermalisme. Entre

Les berges du lac Léman ont toujours été prisées des touristes, la preuve par l'image.

L'itinéraire, qui se fait de manière plus ou moins contemplative, est entrecoupé de pauses agréables ou de visites patrimoniales. Ou les deux !

1865 et la Belle Époque, l'essor de ce tourisme a totalement changé le visage de ce village savoyard. Aujourd'hui, grâce à la vigueur et à la réputation mondiale de l'eau des sources d'Évian, il n'émane pas le sentiment de douce nostalgie d'une splendeur révolue en parcourant les rues dominées par le fastueux Hôtel Royal.
La suite permet – l'étape n'est pas longue – de gagner Thonon. Bientôt, nous retrouvons quelques rues plus tranquilles pour franchir la Dranse, avant d'entrer dans cette autre ville thermale bien connue, lieu de la première escale. On en profite pour visiter la capitale historique du Chablais, en commençant par la ville haute, qui rassemble de nombreux bâtiments historiques, des chapelles et des thermes, très agréable à parcourir avec ses rues piétonnes et ses nombreux belvédères sur le lac. On se rend ensuite dans la ville basse, construite au bord du Léman, dont le port de Rives et son vieux village de pêcheurs restent un point central et offrent un cadre parfait pour se détendre et se remettre en selle le lendemain matin.

À LA DÉCOUVERTE DU BAS-CHABLAIS

Une longue et belle balade sur les rives du lac débute dès la sortie de Thonon en direction d'Anthy-sur-Léman. On admire les belles vues en surplomb du lac avant de redescendre vers le port de Séchex. Les jolis villages du Bas-Chablais se succèdent ; alors que les plages donnent des envies de baignade, notamment à Excenevex, où l'on longe la seule plage naturelle de sable fin du Léman ! La zone étant réputée pour l'observation ornithologique, quelques beaux oiseaux, mouettes, canards et goélands notamment, semblent saluer notre passage. Bientôt se profile Yvoire, point d'orgue de cette étape et de tout voyage au bord du Léman. La « perle du Léman » reste une attraction incontournable à visiter. Ce village fleuri, classé parmi « Les plus beaux villages de France », conserve un riche patrimoine médiéval.
La foule déambule dans le village à la découverte des maisons, des façades anciennes, toutes fleuries, de l'église Saint-Pancrace surmontée de son clocher à bulbe typique... Un ravissement ! Les majestueuses portes de Genève et de Thonon, si bien conservées, ont été construites entre le XIVe et le XVe siècle aux extrémités des remparts. La suite de la visite nous perd dans le fabuleux jardin-labyrinthe des cinq sens, au cœur du village, devant l'imposant château médiéval du XIVe siècle qui domine le Léman.
Difficile de résister à un agréable déjeuner devant le port de plaisance, en contemplant les calmes eaux du lac... Une fois rassasié, il s'agit de repartir, avec entrain si possible, à

Vers Seyssel, la fin du périple pour ceux qui s'arrêtent là.
La véloroute, elle, poursuit sa route plus au sud.

la rencontre du village de Nernier, puis de celui de Chens-sur-Léman et de son château de Beauregard dominant majestueusement les lieux. Quelques coups de pédales plus loin, on entre dans un intermède helvétique avec, en point de mire au bout d'une longue ligne droite, le fameux jet d'eau, l'un des emblèmes du Léman. Le soir, redevenu temporairement piéton, il faut partir à la découverte des rues pentues du Vieux Genève et déguster, même au cœur de l'été, une fondue, un parfait moment de détente pour fêter cette découverte des rives du Léman.

LE RHÔNE SAUVAGE AU PIED DU JURA

Le lendemain, changement de décor : on quitte les rives du Léman et – sans difficultés – Genève, pour franchir le Rhône ressorti du lac. La journée est sportive : les côtes s'enchaînent sur les coteaux du vignoble genevois avant de retrouver la Haute-Savoie, quelques kilomètres avant l'arrivée du jour, à Vulbens.

Il ne reste ensuite qu'une étape pour boucler cette découverte de la Haute-Savoie du bord du Rhône, aux rives particulièrement sauvages. Les pentes sont fortes et la cohabitation avec la circulation automobile demande vigilance, mais l'impression reste belle avec, en point d'orgue, l'arrivée sur Seyssel par l'étroite et spectaculaire cluse du défilé de l'Ecluse, dominée par un impressionnant fort militaire. L'endroit est stratégique à n'en point douter mais, puisqu'on nous laisse passer, ne reste qu'à rouler tranquillement sur des rives plus douces nous portant vers Seyssel. Ce voyage au bord du Rhône et à la découverte d'une Haute-Savoie méconnue s'achève devant l'un des plus anciens ponts suspendus du globe qui, depuis 1938, relie les deux parties de la ville et les rives de deux départements, comme un parfait trait d'union.

La ViaRhôna en Haute-Savoie en bref

Distance : 135 kilomètres
La ViaRhôna en Haute-Savoie : 4 étapes conseillées
Niveau conseillé : Un parcours réservé aux voyageurs cyclistes expérimentés (voies partagées et profil vallonné).

étapes

le cyclisme en Haute-Savoie

Iconographie

En couverture
Bernard Hinault tente de lancer une ola dans le public, sans succès. Il faut dire qu'en 1980, à Sallanches, le Breton était avant-gardiste en la matière…
© Presse Sports

En deuxième de couverture
Thibaut Pinot jauge la concurrence sur le Tour 2022 en direction de Châtel.
© Zoom - Presse Sports - James Startt

En troisième de couverture
David Gaudu, le leader de la Groupama-FDJ sur le Tour 2023.
© Zoom - Presse Sports - James Startt

En quatrième de couverture
Raymond Poulidor, loin des leaders en 1975 entre Valloire et Morzine-Avoriaz, sur un Tour remporté par Bernard Thévenet.
© Presse Sports

Direction d'ouvrage Laurent Belluard **Directeur artistique** Michel Barthelemy **Recherche iconographique** Prune Vellot
Fabrication et prépresse © 2023 Éditions Glénat –Département de la Haute-Savoie – Couvent Sainte-Cécile – 37 rue Servan – 38000 Grenoble
www.glenat.com **ISBN :** 978-2-344-05957-9 **Dépôt légal :** juillet 2023
Achevé d'imprimer en France en juin 2023 par Pollina à Luçon (85) sur papier provenant de forêts gérées de manière durable

PEFC 10-31-2065 / Certifié PEFC / pefc-france.org

Crédits • P.2 HAUT : PRESSE SPORTS • P.2 BAS : CONSEIL DÉPARTEMENTAL DE LA HAUTE-SAVOIE • P.4 : CONSEIL DÉPARTEMENTAL DE LA HAUTE-SAVOIE - L. GUETTE • P.5 : PRESSE SPORTS • P.7 : ZOOM - PRESSE SPORTS - JAMES STARTT • P.8 : PRESSE SPORTS - CLEMENT DENYS • P.11 : PRESSE SPORTS - CHRISTIAN ROCHARD • P.12 : PRESSE SPORTS - BERNARD PAPON • P.15 : PRESSE SPORTS - BERNARD PAPON • P.16 : PRESSE SPORTS - JEROME PREVOST • P.18 À P.28 : PRESSE SPORTS • P.31 : COLLECTION L. BELLUARD • P.32 : PRESSE SPORTS • P.35 HAUT : PRESSE SPORTS • P.35 BAS : L. BELLUARD • P.36 À P.39 : PRESSE SPORTS • P.40 : MAVIC • P.41 : MAVIC, PRESSE SPORTS, CÉDRIC LEROY, FONDS FRANCE-SOIR - BHVP - ROGER-VIOLLET - BERNARD CHARLET • P.42 : MAVIC • P.43 HAUT : PRESSE SPORTS • P.43 MILIEU ET BAS : MAVIC • P.45 HAUT : MAVIC • P.45 MILIEU HAUT : PRESSE SPORTS – DESCHAMP • P.45 MILIEU BAS ET BAS À P.46 : MAVIC • P.49 : MONICA DALMASSO • P.50 HAUT : GILLES LANSARD • P.50 BAS : SHUTTERSTOCK - ZDENEK MATYAS PHOTOGRAPHY • P.51 : GILLES LANSARD • P.52 BAS GAUCHE : ALAMY • P.52 BAS DROITE : SHUTTERSTOCK - VOUVRAYSAN • P.53 : MONICA DALMASSO • P.54 HAUT : SHUTTERSTOCK - NICO FARAMAZ • P.54 BAS : ALAMY • P.56 : GILLES LANSARD • P.58 À P.63 : HUGO CLECHET • P.64 : PRESSE SPORTS • P.65 À P.67 : HUGO CLECHET • P.69 : PRESSE SPORTS - BERNARD PAPON • P.70 : ÉRIC ANGLADE • P.73 : PRESSE SPORTS • P.75 À P.79 : ÉRIC ANGLADE • P.80 : COLLECTIONS DÉPARTEMENT DE LA HAUTE-SAVOIE, FONDS ASSOCIATION DES GLIÈRES, COTE 269J63 © DROITS RÉSERVÉS • P.81 : ALAMY - HEMIS.FR • P.83 HAUT : BRIDGEMAN IMAGES - LEONARD DE SELVA • P.83 MILIEU GAUCHE : COLLECTION ROGER-VIOLLET / ROGER-VIOLLET • P.83 MILIEU DROITE : ROGER-VIOLLET - PIERRE JAHAN • P.83 BAS GAUCHE : COLLECTIONS DÉPARTEMENT DE LA HAUTE-SAVOIE, FONDS ASSOCIATION DES GLIÈRES, COTE 269J59 © DROITS RÉSERVÉS • P.83 BAS DROITE : COLLECTIONS DÉPARTEMENT DE LA HAUTE-SAVOIE, FONDS ASSOCIATION DES GLIÈRES, COTE 269J53 © DROITS RÉSERVÉS • P.84 : PRESSE SPORTS - ETIENNE GARNIER • P.88 : YVES PERRET - WWW.YPMEDIAS.COM • P.90 : PRESSE SPORTS - FRANCK FAUGERE • P.91 : YVES PERRET - WWW.YPMEDIAS.COM • P.92 : PRESSE SPORTS - ETIENNE GARNIER • P.94 : YVES PERRET - WWW.YPMEDIAS.COM • P.96 : PRESSE SPORTS - SPRINT CYCLING AGENCY - ILARIO BIONDI • P.98 À P.102 : DENIS CARRIER • P.104 : DOM DAHER • P.106 : BRIDGEMAN IMAGES - MONDADORI PORTFOLIO - CARLO BAVAGNOLI • P.107 : LAC ANNECY TOURISME - TRISTAN SHU - ANNECY MOUNTAINS • P.108 : ALAMY • P.110 HAUT GAUCHE : LAC ANNECY TOURISME - ACTIV IMAGES • P.110 HAUT DROITE : PHOTOPRESS ARCHIV - KEYSTONE - BRIDGEMAN IMAGES - STRINGER • P.110 BAS GAUCHE : PHOTOPRESS ARCHIV - KEYSTONE - BRIDGEMAN IMAGES - HERMANN SCHMIDLI • P.110 MILIEU DROITE : SHUTTERSTOCK - MATTHIAS RIEDINGER• P.110 BAS DROITE : DOM DAHER • P.111 : ALAMY • P.112 À 114 HAUT : LAC ANNECY TOURISME - TRISTAN SHU - ANNECY MOUNTAINS • P.114 BAS : LAC ANNECY TOURISME - GILLES PIEL • P.116 À P.119 : MARIKA GODIN • P.120 : PRESSE SPORTS - ALEX MARTIN • P.122 : AUVERGNE-RHÔNE-ALPES TOURISME - T. PRUDHOMME • P.124 : MINISTÈRE DE LA CULTURE - MÉDIATHÈQUE DU PATRIMOINE ET DE LA PHOTOGRAPHIE, DIST. RMN-GRAND PALAIS - FRÈRES SÉEBERGER • P.125 HAUT GAUCHE : MARIO BORGIONI LAC LÉMAN LITHOGRAPHIE, 1910, 116 X 79 CM INV. N° 89-01-123 © DÉPARTEMENT DE LA HAUTE-SAVOIE • P.125 HAUT DROITE : JOHANNES EMILE MULLER LAC LÉMAN LITHOGRAPHIE, 1927, 100 X 65 CM INV. N° 89-01-126 © DÉPARTEMENT DE LA HAUTE-SAVOIE • P.125 BAS GAUCHE : VINCENT BLATTER (1843-1913) COMPAGNIE GÉNÉRALE DE NAVIGATION SUR LE LAC LÉMAN, 1889, TH. DUPUIS & FILS, PARIS, LITHOGRAPHIE EN COULEUR, 131 X 94 CM © COLLECTION BIBLIOTHÈQUE DE GENÈVE. • P.125 BAS DROITE : HUGO D'ALESI LAC LÉMAN LITHOGRAPHIE, 1895, 109 X 74 CM INV. N° 90-01-146 © DÉPARTEMENT DE LA HAUTE-SAVOIE • P.126 À P.127 : AUVERGNE-RHÔNE-ALPES TOURISME - T. PRUDHOMME

haute savoie
le Département